自分を癒し、人を癒す

セラピーが11割

おのころ心平

一般社団法人
マッピングセラピー協会代表

BAB JAPAN

セラピーが合っている？

させてみよう。詳しくは174ページ。

火のセラピー

日光浴

焚火　暖炉

光線療法　温熱療法

カラーセラピー　色彩療法

宝石療法　オーラソーマ

アロマセラピー　花療法

旅　遊び　アクティビティ

チャネリング　リーディング

インスピレーション

タッチセラピー　アロマ・ボディ・トリートメント

リンパマッサージ　リンパドレナージュ

スウェディッシュ　タイ古式マッサージ

バリニーズ　リフレクソロジー

食事療法　身土不二　薬膳

マクロビオティック　ハーブ療法

フィトセラピー　ストーンセラピー

土地の磁場　森林セラピー

シンクロニシティ　リトリート

大地のセラピー

あなたにはどの

生まれ持った性質にマッチ

風のセラピー

呼吸法
気功
音響療法
レイキ
スピリチュアルヒーリング
ティンシャ
クリスタルボウル
シンギングリン
笑い療法
ヨガ
歌
声
言葉セラピー
ピラティス
各種の健康体操
ボディワーク

アクアセラピー
海洋セラピー
水中ウォーキング
水泳
禊《みそぎ》
フロートスパ
温泉療法
アイソレーションタンク
フラワーエッセンス
滝行
ホメオパシー
サイコセラピー（深層心理）
ヒプノセラピー（前世療法）
エンパス（霊界）
魔法・魔術

水のセラピー

癒しが潜在意識に与える作用

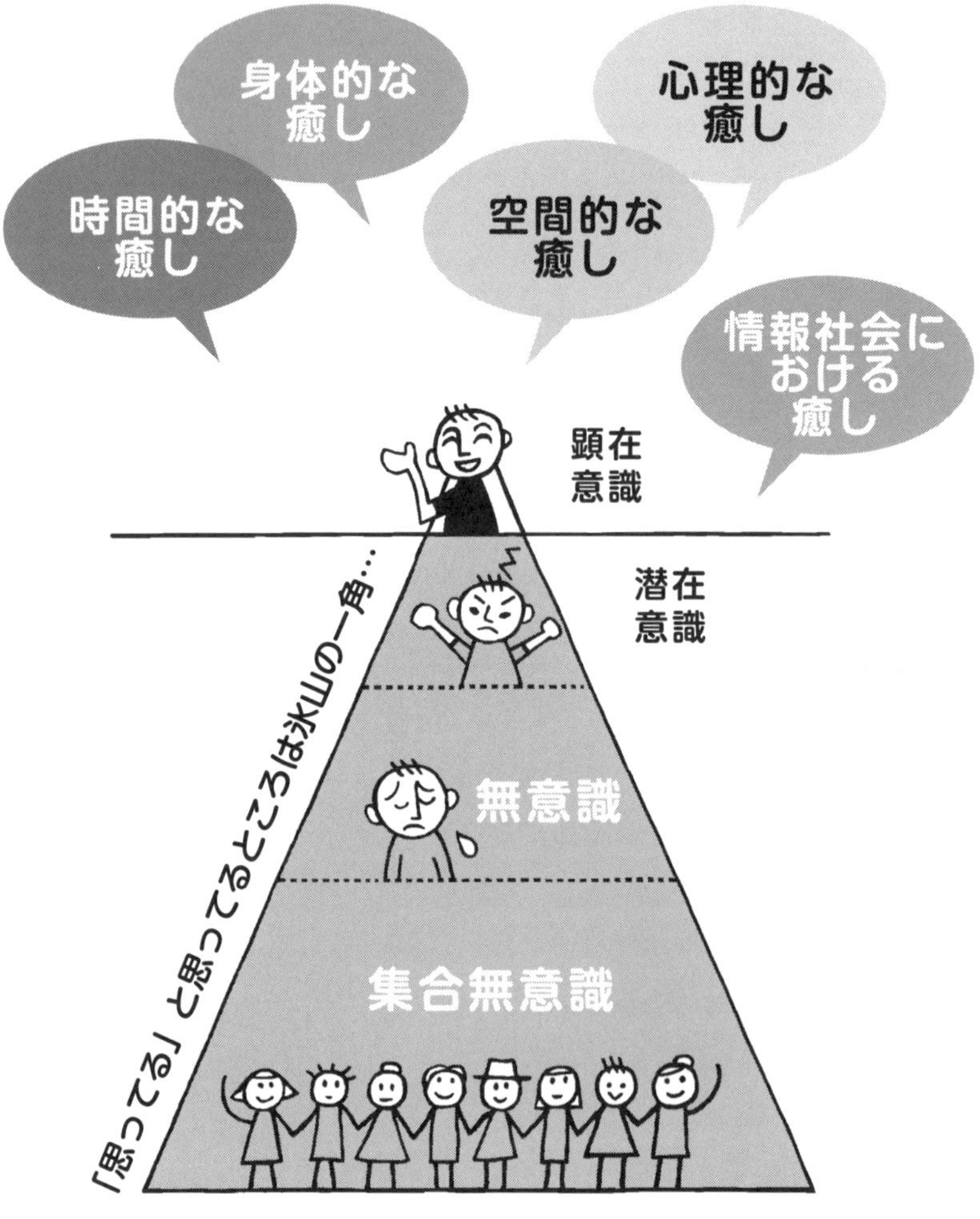

癒しのライフスタイル

【癒しのライフスタイル変更年齢】

7歳	➡	8歳
15歳	➡	16歳
25歳	➡	26歳
35歳	➡	36歳
45歳	➡	46歳
55歳	➡	56歳
70歳	➡	71歳
84歳	➡	85歳

年齢域エレメントが変更する移行期は
ライフスタイルを変えるタイミング！
詳しくは 213 ページ～。

はじめに

『●●が9割』という本は、よく目にされると思いますが、「11割だなんて、10割を越えちゃってるでしょう！」というご意見は重々承知のうえで、この本をあなたに贈りたいと思います。

『セラピーが11割』……。

これは、僕の、30年間のセラピスト人生を過ごしてきての実感です。多くのクライアントさんが元気になっていくとき、それは誰かの励ましであったり、誰かの祈りであったり、思いやりの心であったり……。

セラピーとは、アロマや薬草やマッサージだけではありません。誰かを思うやさしさが、その人の内なる治癒力を発働させ、心のこもった「ありがとう」や「ごめんなさい」が、その人の心のわだかまりを溶かしてしまうことがあります。

やさしさ、心くばり、慈しみ、感動、ちょっとしたあいさつ、信じること、祈ること……、そういう中で私たちは10割を越えて、1割分で誰かを癒し、誰かに癒されてきました。人類はそうやってたくさんの出会いの中で、「+1」を生み出しながら、時に奇跡を起こしながら、長い歴史を紡いできたのではないか……?

ほかの動物たちと比べるなら「ヒト」は、大きさも、速さも、力強さも、さほど抜んでている存在とはいえません。一人一人で見る限り、とてもか弱く小さな存在なのに、どうして人類はこれだけの文明をつくり、豊かな生活を築いてこられたのか? それは、人同士が共感し合い、つながる力を持ち、集団としての暮らし方をさまざまに磨いてきたからではないかと思うのです。

しかし、ここ数年の現代社会は、ゼロサムゲーム(誰かが得をし、誰かが損をする)が浸透しすぎてしまって、「思いやりの循環」がどこかで途切れてしまっているかのようです。富の偏り、上意下達の情報管理、損得勘定、炎上文化、一億総批評家、デジタル化・データ化による目に見えないものの価値の低下、さらにはコロナ禍による価値観の分断……。

共感力が強すぎて心が傷つき、毎日に疲弊している人と、「サイコパス」と呼ばれるがごとく冷淡な人との極端な二極化が進み、社会全体のストレスの偏りが多くの我慢や犠牲を生んでしまっています。

そんな時代に、「癒しの循環」を取り戻すには、どうしたらよいでしょう？

そのヒントが、営々と積み重ねられてきたセラピーの世界にあります。サイコセラピー（心理療法）、各種ボディマッサージ、ボディワーク等々、すべての技法の根底には、人が人を思いやり、やさしくなれるという思想があります。

僕がセラピストという仕事を始めたのが１９９４年。大学卒業後、22歳からサイコセラピスト（心理系セラピスト）としてスタートしましたが、もう30年以上が経ちました。この間に、３万件、６万時間以上の臨床体験をさせていただきました。

１９９０年代＝20代、２０００年代＝30代、２０１０年代＝40代、そして、２０２０年代を50代で迎えて、振り返ってみると、セラピストという仕事の形も、時代とともに大きく変わってきました。とくに２０００年代に入ってからは、ＳＮＳの広がりとともにセラピストや治療家、カウンセラーの在り方も大きくデジタルシフトしていきました。セラピーや施術というのは基本的に身体や心にじんわり広がっていく「アナログ」世界の技といえます。

このアナログ世界に住んでいる人や伝統の技が、人類初といってもいい急速なデジタル化社会に、何とかついていこうとする構図が、2000年~2010年代だったように思います。そして、2020年代の始まりとともに「コロナ禍」の洗礼を受けました。ソーシャル・ディスタンス、三密回避が奨励されたこの4年間は、接することで成り立つセラピーや施術の世界に衝撃を与えました。

大きく構図が変わり、セラピーの在り方も様変わりしたのがここ数年です。そして、これからもその変動は続いていくでしょう。

しかし、それでも「癒しの原点」は変わりません。

本書は、僕自身の30年のセラピスト人生の学びを、体の癒し、心の癒し、時空の癒し、生き方の癒しなどのパートで俯瞰《ふかん》しながら、いま、現代社会にとっての「癒しの大切さ」を、あらためて提供しています。そして、未来に向けて、コロナ後の新しい時代における「セラピーの新分類」をご紹介していきます。あなたがセラピスト（また志望者）なら、この本を癒しの「未来予想図」にしてもらえたらうれしいです。

そして、多くの方にとって本書が、セラピーの深い世界に触れるきっかけと、あなたの中にある、癒しの芽を膨らますヒントになることを願っています。

セラピーが11割＊もくじ

もくじ

もくじ

PART 5 あなたの中の4人のセラピスト

エピローグ

プロローグ

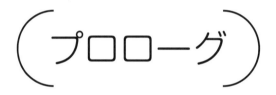

癒しとは？

先日、バスに乗ったときのことです。終点で、車内を乗客がぞろぞろと移動し、並んで下車を待ちます。ところが先頭で、両替をする人が立ち止まりました。そして、そのまま列が動きません。どうやら両替機が故障したようです。運転手さんの試行錯誤も及ばず、両替機はピースコン、ピースコンと鳴るばかり。5～6分のときが経ちます。

こういうときに限って、ふだんからイライラなおじさまが乗っているもので、「おい、脇に寄れ！　常識ないんか！」と怒号。一瞬にして凍りつくバスの車内。「運転手も気を利かせろ、バカか」……そこまで言う必要があるのか。しかし、それを号令に列は動き出し、くだんのおじさまの「ケ」という視線に、「申し訳ありません」と応対する運転手さん……。

でも、そのあとすぐ、僕は「癒しの天使」を見ました。

30代かと思しき子連れの女性。小さな女の子を抱きかかえつつ、親子ともに発したその言葉は、「ありがとうございまーす」。

（おお、この状況で！）もちろんそれは教育の一環で、この親子はふだんからそう言う習慣があったのかもしれません。でも、この状況で！　その言葉に運転手さんの心はどれだけ救われたことでしょう。バスを降り、降車口で脇によけていた先頭の女性も別の財布から小銭を見つけた模様。なるほど幸せな気分は連鎖するもので……。

いま、小さな癒しがとても大切な時代になっていると思います。狭い道を向こうから歩いてくる人が少しよけて幅をあけてくれたり、車に乗っていて横断歩道の手前で停まるとき、歩行者が会釈をしてくれたり、コンビニで店員さんが少しにっこりして商品を渡してくれたり……。そんな小さな場面《シーン》でも、遭遇するとやっぱりうれしい。そして、なんだかホッとします。あ、自分も人にやさしくしよう、と自然に思えてきます。癒しって本当は、そういう小さな場面の連鎖かもしれませんね。

あなたは、「癒し」と聞いて、どんな様子を思い浮かべるでしょうか？　以下に、少し書き出してみましょう。

●心理的な癒し……人間関係や仕事、1日のパフォーマンスが過不足なく発揮でき、心が満足して、平和で落ち着いている様子。

●**身体的な癒し**……体のどこにも痛みや不調、違和感がなく、快適に過ごせている様子。部分的な凝りや緊張からも解放されていること。安全でおいしい食事を安心して食べられることも含む。

●**空間的な癒し**……暮らしの舞台である居住空間や職場空間が、丁寧に整えられていること。

●**時間的な癒し**……時間に追われることなく、毎日に余裕がある様子。自由な自分時間がほどよくとれていること。

●**環境的な癒し**……生活が、森や木や水、海、山など自然環境に触れる状態に「開かれて」いること。

●**経済的な癒し**……つねにお金のことを気にする状態から脱すること。生活費、教育費、ローンの返済などの束縛から気持ち的に解放されること。

●情報社会における癒し……SNSやテクノロジー・リテラシーへのキャッチアップ（理解・向上）において一定の距離感を保ち、劣等感なく過ごせていること。

こうして見てみると、体だけでもなく、心だけでもない。生活全般に癒しのフィールドは広がっています。癒しの可能性はものすごい伸びしろに満ちていることがわかります。アロマセラピーも、リフレクソロジーも、各種マッサージ、あるいはサイコセラピー（心理療法）に従事していたとしても、癒しとは部分部分に起こるものではなく、全体に広がっていくものだという理解が必要になります。

もしあなたがセラピストなら、あなたの起こす「癒し」は、体のある部位や心の部分的な課題にとどまりません。その人の暮らし全体や人生そのものに、さざ波のように波及していく作用があるということです。

「癒し」と「全体性＝ホーリズム」には密接な関係性があります。そしてここが現代医学の特色と決定的に違うところなのです。

●病院は内科、外科をはじめ、消化器内科、泌尿器科、循環器科、耳鼻科、整形外科など「●科」というふうに科目が細かく分類されていますよね。いまは総合内科や総合診療科という外来も増えてきましたが、基本的に総合病院に行ったとしても、●●科への部分的な振り分けがなされます。

そもそも「科」という漢字には「分かれる」という意味があります。また科学とは、science（サイエンス）の訳語ですが、science の sci の字も「分ける」という意味を持つ接頭語です。ハサミ＝scissors が sci で始まることからもわかるように、科学とは「切り分けて考える学問」という意味です。医学も科学ですから、それにのっとって、「腑分け＝解剖学」が基本になっています。

分けて、分解して、分析する現代医学。これが「治し」を起こします。一方で、全体性を整えていく働きを持つのが「癒し」です。**人にとって、「治し」と「癒し」はどちらも不可欠で、その両輪があって「治癒」が生じる**というわけです。

セラピストとは？

僕は、30年間、セラピストとして生きてきましたが、いまだに、セラピストという職業の意味をつかみきれてはいません。そもそも職業という枠組みではとらえきれないものではないのか？とも思っています。それでも、本編で紹介していく僕自身の経験や、先輩たち、そしてメンターたちの生き方から、セラピストという生き方の断片だけでもお伝えできればと思っています。

ただ、長らくこの仕事に就いていると、さまざまな仲間たちやセラピスト志望者たちとのつながりもたくさんできました。以下、過去、僕が見てきた限りのセラピスト、および志望者のタイプを5つに分けてみましょう。

①事業派
②自然派
③知性派

④母性派
⑤霊能派

①事業派

セラピストを仕事として形にし、継続できる人。継続するにも、（1）一人セラピストとして継続する場合、（2）セラピストを雇って事業展開する場合、（3）セラピストスクールを運営する場合などがあります。全国にあるマッサージチェーン店などは、（2）＋（3）でしょう。大手セラピスト会社は、スクールを運営していることも多く、そこに所属するセラピストさんは、その学校で資格を取った人が多いです。

サロンで働く立場となれば、時間給や件数に合わせた歩合制で現場に従事することになります。エステや美容院経営と同じしくみ。所属している限り、自分で集客することはありませんので現場に集中できます。

ただ収入は不安定で、また体力勝負というところがあります。そこから独立して一人セラピストを目指す人も多いですが、今度は集客の壁にぶち当たります。セラピストは他の分野に比べてて事業化も難しく、継続も難しいといえます。

そういう中でセラピストを仕事として形にできる人は、スキル以上に、とても勉強家で、頭の中のことを現実化することに長けている人が多いです。さらに計画性と実行力があり、とくに「しくみ化」していく能力に秀でています。しくみの中での自分の役割をしっかり把握していて、その役割をぶれなくきちんと演じきれる人です。

その結果、クライアントを安心させることができ、信頼につながっていきます。人と人をつなげ、組織をつくり、しくみの中に、スタッフや自分の弟子をうまく割り当て、一人ではできない大きな癒しのフィールドをつくっていくことができます。

②自然派

もともと自然が大好きで、野山や森に分け入り、海派・山派はありますが、普通の人よりも自然に触れる機会の多い人です。都市部に暮らしていても、自身の生活の中には緑の割合が多く、食べ物や化粧品も着るものもできるだけ自然素材にし、ナチュラルな暮らしを志向しています。

自然好きが高じて、花の癒しやハーブ、漢方、生薬、薬膳などに関心を抱き、その道の勉強をして専門家になるというケースのセラピスト。アロマセラピスト、ハーブセラピストのほか、食養生のレシピを処方したり、森林セラピストとして森案内をし、野外でヨガやピラティスのワークショップの開催をするという人もいます。

僕の知り合いには「野草部」という部活動を立ち上げた人もいます。SNSで仲間を募り、日本各地の野山をまわってはその土地固有の植物を探索しています。植物を見つけると、その土地の言い伝えなども含めて効能（安全性も含め）を調べ、新しいハーブやフラワーエッセンスなどとして開発して、仲間と情報共有しているのです。

自然豊かな場所と都市部をつなぐ2拠点セラピストとして、自らが自然の力をまとって、都市部に暮らす生活に疲れた人々を癒す。自然派セラピストは、これからの時代、最もセラピストらしいスタイルになるかもしれません。

かつてのアメリカのエサレン研究所やドイツのバーデンバーデンでは、さまざまなジャンルのセラピストたちが自然豊かなリトリート施設に集まりました。大自然からチャージを受けつつ、お互いのスキルや知識を交換しながら、自らのセラピスト力を高めていくという姿を日本でも実現できたらいいですね。

③知性派

知識や法則好きで、世の中の根源的なしくみに関心があり、人体や心の構造にも興味があります。本が好きで、書店に行くと何時間でもいられます。活字からさまざまなことがイメージできるのです。

考えてみれば、「本」とは、世界のできごとを「文字と紙面」いう2次元の世界に凝縮したもの。本を読む力とは、この2次元に圧縮された世界を3次元の立体世界へと蘇らせる解凍ソフトのような力なのです。

知性派セラピストとは、そうした能力を活かして、心理学や占星術、伝統医学など、過去積み重なってきた「知識」を、現代生活の暮らしに合うように「智恵」に変換しながら活用していく人たちといえるでしょう。僕が対談させてもらった高名な占星術師さんは30年以上のキャリアの持ち主ですが、こうおっしゃっていたのが印象的でした。「占星術という3000~5000年もの歴史を紡いできた知の体系の一部を、私も担わせていただいている……」

この発想ができるところが、知性派セラピストの真骨頂ですね。受け継がれた知識に対してリスペクトしながらも、そのままに固形化せず、自分もその一翼を担うことで、大いなる知の体系をアップデートさせていくという姿勢です。

「リベラルアーツ」という言葉があります。古代ギリシアで生まれた概念で、人間をよい意味で束縛から解放するための知識のことをいいます。生き抜く力を身につけるための教養といってもいいかもしれません。学校教育とはまた別の、幅広い領域を横断的に学び、多角的な視点とアプローチ手法を身につけるセラピスト・リベラルアーツ・スクール。実現していきたいですね。

④母性派

あなたがイライラしたり、傷ついて落ち込んでしまったり、ヘトヘトに疲れきってしまったとき、そばにどんな人がいてくれたらうれしいでしょうか。そばにいて「きっと大丈夫だよ」と伝えてくれる人がいたら、どんなに心強いことでしょう。そんなふうにたくさんのクライアントに、その笑顔を思い出してもらえるのが、母性派セラピストかもしれません。

母性派セラピストは共感力の高い人で、人の役に立ち、人の成長をサポートし、「ノージャッジ」の姿勢でクライアントを守り育てるようなセラピストです。看護師さんや助産師さん、保育士さんで本業以外の時間でセラピストを実践している人、またご自身の子育てで苦労し、引きこもりや発達障害の子育ての中で人を育てることの奥深さを経験している人も多いです。

日本ではセラピストは、マッサージ・セラピストやアロマ・セラピストのように「●●セラピスト」として活動しているのが一般的です。しかし、アメリカなどでは一流のセラピストは、たとえば大企業のＣＥＯや役員と個人契約を結び、心理的状態が乱れないようにずっとキャッチアップしてくれるという仕事があるそうです。

日本では、まだそのような職業は確立されていません。でもいずれは、活躍しているアスリートや芸能人、現場で頑張っている企業戦士たちをそばでサポートして、その人をいちばん理解し、その人の心の浮き沈みも含めて共有して一緒に考えて悩んで、解決を手伝っていくような職業としてセラピストが社会貢献していけたらいいなと思います。

⑤霊能派

特異な能力を持ち、チャネラーやエンパス、霊媒師として活躍しているセラピストです。予知や予言をすることもあります。目に見えない世界にチャンネルが合い、いわゆる「あちらにつながってしまう」人です。

この能力に関しては一定に保つことがとても難しく、僕のクライアントさんにも霊能系の能力を生まれながらに持っているがゆえに、その扱いに悩んだり、心身のバランスを崩す方もいました。そのような方には、エドガー・ケイシー（1877－1945）やハリー・エドワーズ（1893－1976）、バーバラ・アン・ブレナン（1939－2022）などの著作や生き方を描いた伝記などをおすすめしてきました。

はっきりした能力でない場合でも、目に見えない世界への感度を活かし、ヒプノセラピーや前世療法、ヒーリングを実践している人もいます。レイキヒーリングを学んで、特異能力が開花したという人もいます。

霊能派セラピストの共通点は、意識状態が、時間と空間（＝時空）を超えてしまうという点です。私たちの生活は、基本的に時間と空間という共通の認識で成り立っています。それと、上から下に向かう重力ですね。地球上の常識や制約も突き詰めて考えれば、時間と空間と重力に行きつきます。霊能派セラピストは時折、この3つの束縛から抜け出すことができるのです。

アカシックレコードや集合無意識、宇宙意識、サムシンググレートや夢の世界にアクセスでき、イメージで情報を受け取ることもあります。それを常識的社会の通常意識の言葉やエネルギーに変換するのは至難のわざですが、霊能系セラピストは（能力の強弱はあれ）非常識世界と常識世界とを行ったり来たりできる能力を持っています。

以上、５つのセラピストのタイプから、さまざまな「癒しの在り方」について考察してみました。僕自身は、セラピストとは、仕事である以前に「生き方」だ、と捉えています。

自分だけを生きる生き方から、人は、他者へ思いやりをもって接する生き方を生み出してきました。そこに＋１割が生まれます。これは、本当に尊いことだと思っています。これから始まる本編で、体、心、暮らしのさまざまな場面を題材に、癒しの「これまで」と「これから」を、語っていきたいと思います。

PART 1

心の癒し

心の癒し

「癒し」と聞いて、「心の癒し」をイメージする方も多いと思います。それだけ心というものが、不安定な状態に置かれやすいものだということかもしれません。

怒り、イライラ、悲しみ、心配、落ち込み……。人間関係や緊張、劣等感、急激な状況変化にも、その都度、心は反応し、不安定な状態に陥ります。日本語としての心（心）は、「コロコロ転がる」様子から来ているという説まであるくらいです。

心とは、そもそも生命が不安定を先んじて察知する装置という見方をしてみましょう。生命全体への取り返しのつかない大打撃を避けるために、未然に状況を察知する、防御装置として心が発達してきたのだと考えるのです。

……となれば、生きている限り心が乱れ、不安定になるというのは、もう、前提条件として考えられますね。ストレスは毎日感じますし、高揚も落ち込みも毎日生じます。あまりの出来事に心が一定期間、固まってしまったり、散乱してしまったりする場合もあるでしょう。そうした状態を、できるだけ早く修復する技法として、「癒し」がありました。

古来より祈りや瞑想、そして宗教そのものが心の回復を担ってきました。そして、近代に入って「心理学」が登場し、さまざまな心理療法（サイコセラピー）や人が人の心を介助する「カウンセリング」が発達してきました。現代ではマインドフルネスといったように古来の瞑想手法が現代風にアレンジされたものもあります。

そして、カウンセリングが浸透しきらない日本にあっては、各種の占い相談も人々の心の癒しを担ってきたと、僕は考えています。

心理療法の癒し

近代的な心理療法にはさまざまな技法があり、現在もさまざまな療法が誕生していま す。ここで、主なものをざっと俯瞰しておきましょう。

まずは、精神分析学。かのジークムント・フロイトの創始した心理学ですね。近代心理療法（サイコセラピー）の歴史はここから始まったといっても過言ではありません。ですから、心理療法やセラピーに関わる者にとっては避けて通ることができません。

フロイトは「無意識」を発見したといわれます。人の行動や神経症状などはこの「無意識」に起因し、この無意識の領域に「抑圧」された体験や欲求、葛藤を自覚し、意識化することこそが症状を解消させるうえで重要だという治療仮説を立てました。

彼は、夢判断や自由連想法を用いて数々の症例を報告しながら、精神分析の理論を打ち立て、心理学の世界のみならず、当時の社会一般にもセンセーショナルを巻き起こしました。

フロイトの弟子に、アドラー心理学のアルフレッド・アドラーがおり、そして、ユング心理学のカール・グスタフ・ユングがいます。アドラーはフロイトの初期の頃の勉強会メンバーでしたが、のちに離反しています。

フロイトが最も目をかけたのが、ユングでした。フロイトが設立した国際精神分析学会の初代代表に任命し、アメリカに連れて行ったほどですが、二人もやがて決別します。

離反や決別って、心理学や伝統医療、セラピーの世界では頻発しますね。師匠と袂《たもと》を分かって弟子が新派をつくり、その新派に集まった弟子がまた師匠に反発して、新派を立てる……。この構図で、心理療法の世界は多彩な様相を呈しています。

アドラー心理学については、日本ではベストセラーになった『嫌われる勇気』（岸見一郎・古賀史健著　ダイヤモンド社）が有名で、この本をきっかけにアドラー心理学やアドラー流子育て法を学んだという人も多いと思います。『嫌われる勇気』著者の岸見一郎先生とはある講演会でご一緒させてもらったことがあります。先生はもともとのバックボーンが古代哲学ということもあって、その博識と心理学の世界を広い視点で捉える俯瞰的な思想に驚かされました。

河合隼雄という癒し

さて、僕がユング心理学を知ったのは、河合隼雄先生の講演会がきっかけでした。河合隼雄先生は2007年に亡くなられたのでもう故人ですが、その影響力はいまも日本の文化、心理学の世界に行き渡っています。

河合先生は日本人として初めて、スイスのユング研究所に渡ってユング派分析家の資格を取得し、日本における分析心理学（ユング心理学）の普及に貢献されました。1988年には日本臨床心理士資格認定協会を設立し、臨床心理学の普及に尽力されました。

臨床とは「床に臨む」。つまり、実際に悩まれている人に寄り添う心理療法の現場ということです。河合先生は日本における「カウンセリング」の下地に大きく寄与した方なのです。1992年まで京都大学教育学部で教え、1995年からは国際日本文化研究センター所長を務められました。そして晩年の2002年からは文化庁長官に就任されています。

僕が先生の講演会にしょっちゅう通ったのは、1997年~2001年ごろだったでしょうか。それまでの僕の中の心理学のおかたいイメージを、木っ端《こっぱ》みじんに砕いてくださったのが河合先生の講演でした。

日本の文化や心理学の世界に多大な貢献をされた先生も、個人としてはめちゃくちゃ気さくな方でした。先生の冗談は弾丸ジョークとも呼ばれ、日本ウソツキクラブ会長なんていうへんてこな肩書きを自称し、「うそは常備薬、真実は劇薬」という名言も残されています。

河合先生の名言でいえば、セラピストやカウンセラーが肝に銘じておきたいものは、「100パーセント正しい忠告はまず役に立たない」ですね。「マジメも休み休み言え」や「灯を消すほうがよく見えることがある」なんていうのもあります。

僕の本棚には30冊くらい河合先生の本が並んでいて、先生の講演会にも都合十数回は足を運びました。でも、一参加者なので、話を交わすことも、名刺交換することもありませんでした。

さらに先生が晩年に文化庁長官に就任されてからは、とんと講演会が少なくなってしまって何だかさびしく思って過ごしていました。当時、僕は小さなオフィスを自営していたのですが、ある日、「そうだ！　自分のところで講演会を企画して、講師として河合先生をお招きしよう！」と思い立ったのです。

なんて大胆なのでしょう。相手は文化庁長官です。個人的なつながりも、メールアドレスもわからないのに、どうしたら講演依頼できるだろう……？と思案した挙句、正面突破で文化庁にファックスを送ることにしました。

でもただ送ったのでは、1日に数十はあるだろう他のファックスに埋もれてしまいます。そこで、当時うちにいたイラストのうまいスタッフに頼んで河合先生の似顔絵をでかでかとA4サイズの紙いっぱいに書いてもらいました。

そして、その紙の余白に「講演依頼！」タイトル：「心って謎ですね」開催日：いつでもいいです。返信先●●●、と書いて送ったのです。きっと何枚ものファックスに挟まれては目にとまりませんから、朝一でオフィスに出て、文化庁の始業時間の1分前にFAXしました。そうすれば出勤されたどなたかの目に、一番上にうちのFAXが入るからです。

果たしてその日の午前中、文化庁長官の秘書さんから連絡がありました。「ご講演依頼、お受けになるそうです」

……え？　ま、まさか……！　もう、びっくりたまげました。

出勤してきたスタッフたちと大喜び。イラストを書いてくれたスタッフにもう一度、先生とうちのスタッフ全員が万歳している絵を書いてもらって、喜びの返信をファックスしました。すると、今度は河合先生直筆でタイトルの横に↓があって、「面白そうですね」と書かれた返信が送られてきました。「たしかに心って謎ですよね……」

その後、秘書さんから具体的にその年の年末で調整してくださることになりました。このやり取りが２００６年の６月でした。

まだ半年先のこととはいえ、年末の開催を目指して喜々としながら仕事にいそしんでいた折、忘れもしません、その年の８月、衝撃のニュースが飛び込んできました。

折しもその年の７月から高松塚古墳壁画問題の件で、先生が文化庁長官として国内各地で関係者に謝罪して回っておられたのは知っていました。そして、同年８月に公式謝罪を行った直後の８月17日、ご自宅にて脳梗塞で倒れられたのです。意識不明の重体でした。胸が張り裂けそうな気持ちでしたが、駆けつける場所もわからずぼうぜんとしていると、しばらくして秘書の方からご連絡がありました。

「我々も復帰を願っておりますが、年末の講演会の予定はいかがいたしますか？」秘書さんもとても丁寧な方で、そのときは、さまざまな案件処理に疲労困憊《ひろうこんぱい》されている様子でした。僕は「12月開催の場所はそのままにしておきます。先生の回復、心から祈っています」とお答えしました。しかし結果は、その11か月後の２００７年7月19日、先生は意識の回復のないまま帰らぬ人となったのでした。


12月の約束のご講演の日、僕は自分で予約した大きなホールの観客席に、一人、座って過ごしました。先生が舞台に立って、聴衆が大笑いしている様子を想像しながら、一人、泣き笑いしていました。

「心って謎ですね」……。この問いは、僕にとって、いまだ未解決のままです。でも、未解決でいいんだと思います。心の正体はきっと、生きているうちはわからない。河合先生は深層心理学の大家らしく、11か月の間、無意識の状態をゆっくり体験されてから、あの世に旅立たれました。

心の癒しを考えるたび、僕は河合先生を思い出します。僕にとっては、その分野において圧倒的に尊敬できる河合先生との出会いそのものが、心の癒しでした。

原因探しカウンセリングの限界

河合先生のお話が長くなってしまいました。心理学の流れに話を戻しましょう。

フロイトとユングの与えたアメリカ心理学へのインパクトはその後、いくつかの潮流を生み出します。それはある種、精神分析学に対する反発的な流れでした。

ひとつは行動療法です。H・J・アイゼンクやJ・ウォルピ、そして、ハーバード大学の心理学者であったバラス・スキナーによって確立された分野です。とくにスキナーは自らを「徹底的行動主義」と称しました。

日本においてスキナーは、フロイト、ユング、アドラー、また、あとで説明しますカール・ロジャーズほど有名ではないですが、アメリカの西ケンタッキー大学およびアーカンソー州立大学教授・大学研究者たちが選定した、「20世紀最も著名な心理学者トップ100」のうち、第1位に輝いているのが、このバラス・スキナーなのです。

行動療法そのものはその後、アルバート・エリスの「論理療法」やアーロン・ベックの「認知療法」と合流して、いま現在では「認知行動療法」として受け継がれています。「認知行動療法（CBT）」なら知っている人、学んだことのある人は多いかもしれませんね。

行動療法の主張は、精神分析療法は（必ずしもすべてがそうだと限りませんが）、クライアントがいま抱えている症状や悩みの原因を、抑圧された無意識や幼少期体験に求めすぎているという批判です。たとえば「あなたが現在、対人恐怖で困っているのは、小さい頃のお父さんの厳しいしつけによるもの、そのトラウマを解かなければ……」という流れのものです。人間関係の大元となれば、誰しも最初の人間関係は母親か父親です。

僕自身も若い頃のカウンセリングでつまづいたのは、あるうつ病に悩むクライアントさんとのセッションでした。父との葛藤を解消して、さあ、では一歩を踏み出しましょうとなったら、次は、母親との関係が浮かび上がりました。その誤解が解け、さあ、では行動しましょうとなったとき、今度は「私のこの苦しさはきっと胎内記憶が……」となっていったのです。

（このままではどんどん原因はさかのぼりを見せて、次は、前世記憶や過去世ということになっていくだろう……）。

そんな頃に勉強したのが行動療法でした。行動療法では、クライアントの悩みの原因の追求に重きを置くのではなく、客観的に計測できる「現在の行動」に着目し、その行動変容を起こしていくための習慣・きっかけづくりに注力するという点を重要視していました。

スモールステップで、現時点から「これならできる」という範囲での目標設定をし、その行動を促すことで「行動が心を変えていく」ということを目的にするわけです。達成感やそれに伴う自己肯定感の向上は、確実に人の心を変えますし、結果も伴ってきます。

さらに、認知行動療法になってからは、「認知」＝「その人が世界をどう見てどう捉えて行動を起こしているのか」といった考察が加わり、「認知の歪《ゆが》み」「自動思考」「スキーマ（その人が持つ信念）」に気づき、行動変容に結びつけていく手法が具体的に示されています。

僕自身も「原因追求型」のカウンセリングから「目標志向」のカウンセリングへとシフトし、カウンセリングスタイルを大きく変えた時期でした。原因をたくさん見つけるより、いまできることに注目する行動療法は、「コーチング」に通ずるものがあります。

共感の心理学

さて、もうひとつの潮流を紹介しましょう。精神分析療法、行動療法とならんで、三大心理療法の一角に加えられているのが、カール・ロジャーズの来談者中心療法です。

先に紹介した精神分析学も、行動療法も、創始した人は医者たちでした。だから患者やクライアントを少し弱者として見たり、場合によっては検体（実験対象）のように見てしまうきらいがありました。

「それでよいのだろうか？」「クライアントを人として尊重して扱おう」「共感と傾聴を持って接しよう」と唱えたのが、カール・ロジャーズです。現代ではまったくあたりまえのことのように思われるこのことに気づけたのは、ロジャーズが医者出身ではなく、教育者出身であったということが大きいでしょう。

教育者出身といえば、先の河合隼雄先生もそうです。河合先生はユング派ではありますが、その立場を越えて日本の臨床心理学の下地をつくってこられました。

一方で、日本においてロジャーズの考え方を広く紹介されたのは、これも教育者出身の友田不二男先生でした。２００５年に88歳で逝去されて、僕は友田先生にはついぞお目にかかることができませんでしたが、財団法人カウンセリング・センターを創立して初代理事長に就任された、日本におけるカウンセラーの先駆者的存在でした。

日本のカウンセリングが、人間成長と自己実現を目指すという主旨に貫かれているのは教育者出身のお二人の影響も大きいとも思います。

ロジャーズの思想は、人間には「自己実現する力」がもともと備わっており、人が成長し、可能性の実現を行うことができるのは人間の本能であるというものです。カウンセリングの目的は、クライアントの自己成長と可能性の実現を促すことであり、寄り添いながらそうした環境をサポートすることです。この考え方の普及で、ロジャーズは１９８２年のアメリカ心理学会によるアンケート調査「最も影響力のある10人の心理療法家」で第一位に選ばれました。

ロジャーズの考え方は人間の「段階的欲求説」を唱えたアブラハム・マズローとともに「人間性心理学」の範疇に分類されます。

マズローによれば、精神病理の理解を目的とする精神分析、人間と動物を区別しない行動主義心理学の間にあって、人間性心理学は「第三の勢力」として、人間の自己実現を研究するものとされました。

コラム＊人間性心理学と来談者中心療法

来談者中心療法（クライアント中心療法）とは、カール・ロジャーズにより創始された心理療法で、１９４０年代以降アメリカにおいて発展しました。相談者の考え方や感じ方をカウンセラーが共感的に理解していくことで、相談者自身の気づきや成長を促し、問題解決を目指していくカウンセリングの方法です。

ロジャーズが来談者中心療法を開発した時期は、アメリカにおいて人種差別をなくし、人間が人間らしく生きることを志向する「人間性心理学」の最盛期でした。ロジャーズは「傾聴」や「共感」などの重要性に言及しており、こうした特徴から特に日本では、来談者中心療法に基づく心理的支援をカウンセリングと位置づけることもあります。

ラポールの限界と、もらってしまう体質

ところで、人間性心理学である来談者中心療法を学びに行くと、強く教えられるのは、カウンセラーの役割とはクライアントを「無条件に受容」し、尊重すること。それによって、クライアントが自分自身を受容し、尊重することができるというものです。

当時の僕にとってこれは、とてもキリスト教的だという感触を持ちました。ロジャーズ自身が宗教的に厳格なプロテスタントの家庭に生まれ、若い頃は牧師を目指していたということにも起因するかもしれません。アメリカの心理療法やアメリカ発の各種のセラピーを学ぶとき、背景にキリスト教への理解が必要なことが多いです。「隣人を愛しなさい。自分を許しなさい」と。

クライアントを受容すること、そして、ラポール（信頼関係）を結ぶことの大切さは心理療法の基本として日本にも十分広まっており、心理療法の範疇《はんちゅう》を越えて、民間のセラピー教育の中にも浸透していると思います。

けれども文化的な違いもあってか、僕自身、20代後半当時は、クライアントさんを「無条件に受容すること」に対して大真面目になりすぎたあまり、信頼関係を強めすぎてクライアントを依存させてしまうこと（いわゆる共依存）もありました（大反省です）。

また同じころに、クライアントの持つ雰囲気というか、ある種のパワーみたいなものを自分の体に受け入れすぎて、いわゆる「受ける」「もらう」という体質になり、悩んだこともありました。20代なので体力にはものすごく自信があったのですが、そのころはいくら睡眠をとっても、疲労回復しないのです。

もちろん心理学の教育の中ではこうしたリスクもしっかり教えられます。しかし、しゃにむに「ラポール」や「共感」第一主義で突っ走っていた僕にとって、この頃は、現場において重要な転換点を迎えていました。

そもそも「癒し」の仕事に興味・関心がある人というのは、僕自身も含めてですが、「自分が一番癒されたい」という潜在的な欲求を抱えています。自分が関わるクライアントさんが癒される様子を見て、自分も癒されるという構図ですね。

また自分のおかげでこの人が癒されたという自己効力感を感じたいという欲求（＝承認欲求みたいなもの）を抱えながら仕事をしていると（自覚があればまだしも、自覚のないままやっていると）、すべてを自分で抱えてしまったり、体力的・心理的な犠牲を自分に強いながら仕事を続けてしまったりするようなことになってしまいます。

●バウンダリーの意味

この状況を打開できたのは、ひとつには気功の先生に教えてもらった「気」の流し方でした。僕が師事した日本で指折りの一流気功師の先生でさえ、施術のあとは必ず水道管に手を触れて、たまった邪気を流すことを怠らないということを教えてもらいました。

なぜ水道管なのかというと、オフィスがどんなにマンションの上階にあっても、水道管は必ず地中につながっているからとのことです。つまり、アースになるのです。

施術後にこまめにアースすること……。僕の場合はクライアントさんに直接触れるセラピーはしてこなかったものの、それでも、がんのクライアントさんとのセッションのあとはやはり、一件、一件、バックヤードに戻り、必ず手を水道管と塩につけるような工夫をしていました。

一日終わったころは、塩がかなり湿気を吸ってくれて、粘土のようになったものです。こうしたことは、自分の体や「気」をリフレッシュさせるための目的もさることながら、次のクライアントさんに持ち越さないためにとても大事なことなのです。

そして、「気」のアース習慣と同時に、当時の僕を救ってくれたのが、「バウンダリー」という言葉でした。これは、「心理的境界線をしっかり引く」ということなのですが、バウンダリーの重要性については、のちに一冊、本を書かせてもらうくらいに研究しました（『人間関係境界線の上手な引き方』同文館出版）。

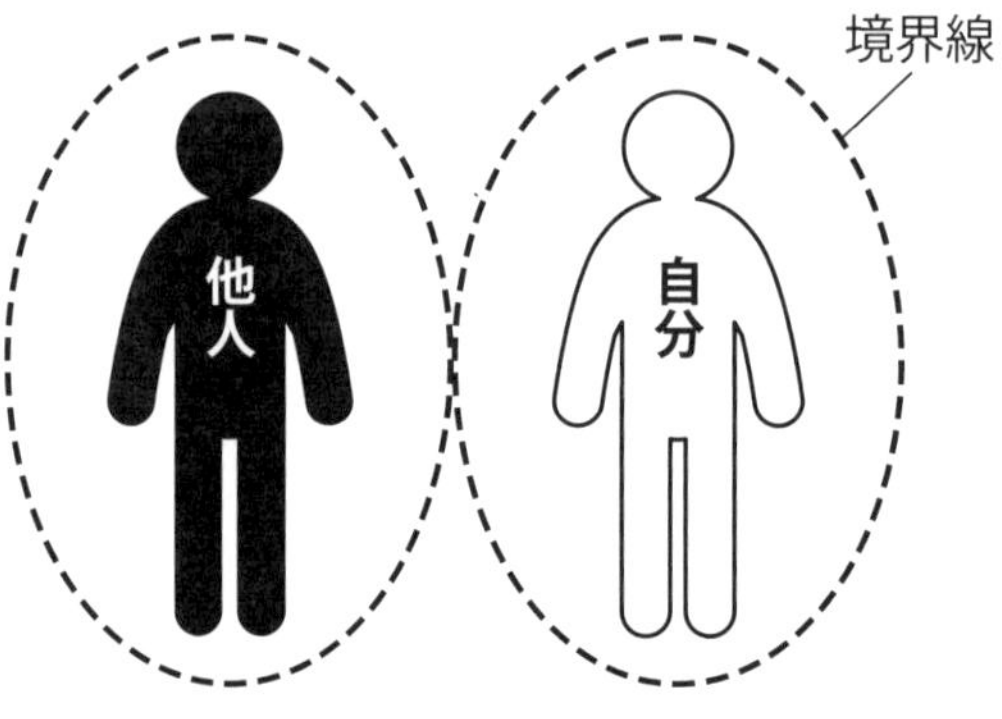

たとえば、カウンセラーを始めた当初、僕は自分の携帯番号をすべてのクライアントに伝えて、いつでもメールや電話してきてくださいというようなスタンスをとっていました。実際、真夜中の3時からカウンセリングをするということもありました。真夜中3時から始まったカウンセリングって、朝方もうろうとしていますからね。いい結果が生まれるはずもありません。この頃はまったくバウンダリーの意識が欠落していました。自分にとっても、相手にとっても、これは決していい結果をもたらしません。ですが最初の頃は、身を粉にして相手のために奉仕するのがカウンセラーの役目だ、くらいに信じていました（危険思想）。

共感と信頼関係で結ばれるクライアントとカウンセラーの関係といえども、カウンセラーにはカウンセラーの領分があり、できることの範囲があります。

過信のないように、仕事のON／OFFを守ること。ラポール（信頼関係）の構築は、いつもバウンダリー（自分の限界をわきまえる）と両輪で意識しなければならないということを強く肝に銘じた時期でした。

心の魔法

自分のカウンセリング・スタイルを大きく変えなくてはならないことに直面していた時期に出会ったのが、ミルトン・エリクソン療法でした。ミルトン・エリクソン（1901－1980年）は、アメリカの精神科医であり、天才的な心理療法家です。とくに催眠療法の分野でそれまでとはまったく異なる催眠の方法を取り入れたことで、エリクソンは「現代催眠療法の父」とも呼ばれています。

エリクソンの催眠療法は、従来の催眠療法にある「あなたはだんだん眠くなる」というような定型文などを使わないで、一見、普通の会話をしているように見えながら、催眠と同じ原理を使って相手を変容させていくというもの。

そんなエリクソンですから、問題の原因を過去に求めて、その解釈を続けていくという精神分析的な手法は用いませんでした。はっきりとクライアントに対して課題を出し、短期間で問題を解決していくというアプローチ法なのです。

エリクソンは「クライアントごとに異なるアプローチをすべき」という考えから、自らの技法の体系化をしようとしませんでした。ただエリクソンの評判を聞きつけて世界中から集まった弟子たちが、エピソードや事例、ケーススタディを多く書き残しています。少し例を見てみましょう。

●爪噛みをやめようとしない6歳の男の子。

エリクソンはその子にこう言います。「お父さんとお母さんは、キミにね、ジミー、爪噛みを止めなさいって、ずっと言ってきたよね。けど、お父さんもお母さんも、キミがまだ6歳だってことをわかってないようだね。キミが7歳になるちょっと前にごく自然に爪噛みを止めるってこともわかってないようだ！　だから、お父さんとお母さんが爪噛みを止めなさいって言ったら、とにかく知らんぷりしなさい」。

このあと、ジミーは7歳になる1か月前に爪噛みを止めたそうです。この事例でエリクソンは、「7歳になったら、自分は爪噛みという癖が治るんだ」と思い込ませる「ダブル・バインド」という心理テクニックを使っています。

●州立病院で、自分をイエス・キリストだと主張する男性患者。

エリクソンは彼に近づき、「君には大工の経験があるんだってね」と声をかけました。

イエスの父、ヨゼフが大工であり、イエスには当然、父を手伝った経験があったわけだから、患者は「はい」と答えるしかありませんでした。続いてエリクソンは、「君は仲間たちの役に立ちたいと思っているんだってね」と言いました。患者は自分がイエスですから、これにも「もちろん」と答えました。そう聞いておいて今度は「病院には本棚が足りなくてつくらなくちゃならないんだが、君は手伝ってくれるかい」と言いました。患者は快諾して行動し、症状行動の代わりに、建設的な活動に参加し始めるようになったのです。

エリクソンはこんなことをいっています。

「患者の考えを、それがどんなものであれ、まず受け入れようとしてみること。そしてそれから、彼らを方向づけていこうとしてみなさい」。

エリクソンの手法は相手の癖や特徴を十分出させておいて、呼吸を合わせ、うまく「合いの手」を入れて、相手の力を利用したうえで自然に方向性を変えていくという芸術的ともいえる手法です。僕は、これは日本の合気道に似ているなと思いました。実際、最近のアメリカ医学論文では、日本の武道の精神がストレス対処に有効であると取り上げられています。エリクソンはその先駆けといえるでしょう。

エリクソンはまた、「パラレル・コミュニケーション」というテクニックをよく使いました。たとえば、誰かに「あなたは口ばっかりで行動しない。それでは人生がダメになるよ」という「事実」を相手に伝えると、相手は当然、反発しますね。反省してすぐに行動が変わる人なんて、まあ、いません（子どももそう、夫もそうです）。

ですから、カウンセラーやセラピストは、あからさまな事実をストレートに言ってはいけない！と諭すのです（笑）。ところが、ここでイメージや昔話、寓話などを使って間接的な言葉で伝えることができれば、クライアントが受け入れてくれる可能性は高くなります。とくにジョークやユーモアを交えて伝えると、相手の心に残ります。

頭に伝えるアドバイスと、ハートに残る言葉……この差は歴然です。ハートに残った言葉は、相手の中でときどき思い出されながら、その言葉のなかに盛り込まれたパラレル・メッセージを知らぬ間に受け入れていきます。その結果、行動変容が起こるのです。

このような革命的ともいえるミルトン・エリクソン療法のスタイルは、心の癒しというよりは、まさに心の魔法といえます。僕自身のカウンセリング・スタイルも、かなりエリクソンの手法に影響を受けて現在に至っています。

エリクソンの手法は、のちの「ナラティブセラピー」「短期療法」「家族療法」「NLP（神経言語プログラミング）」など多くの療法や流派に影響を与えました。

日本においては、より日本人に使いやすい技法にアレンジして展開されている黒丸尊治《くろまるたかはる》先生の「ホリスティック・コミュニケーション」があります。黒丸先生とは、もう20年来のおつき合いをいただいていますが、先生はもともと心療内科出身で、現在は市民病院の緩和ケア病棟で部長を務められています。ウィークデーは医者、土日は、コミュニケーションスキルを養うホリスティック・コミュニケーションの講師として活動されています。興味のある方は、ぜひ検索してみてください。

心身の癒し

心と身体はつながっていて、身体が癒されれば心も元気になるし、心が癒されれば身体の自然治癒力も働きやすくなります。それは「実感」ですね。

●ボディ・センタード・セラピー

ボディとマインドは2つに分離したものではなく、相互に作用しあうもの。マインドの問題はボディに現れ、ボディにワークすることで、マインドの問題も解消されていくはずである……こうした関連に着目したのが、ヴィルヘルム・ライヒ（1897-1957）という人物です。日本ではなかなか注目されませんが、ライヒこそは、心理療法にボディワークを導入した先駆者といっても過言ではないでしょう。

ライヒは、フロイトのもとで精神分析を学んでいましたが、フロイトのもとを去ったあとはヴェジトセラピーというボディ・センタード・セラピーを開発しました。ライヒの発見として重要なのは、トラウマやネガティブな感情が筋肉のなかに封印され、筋肉の鎧やブロックをつくりだすという点です。

「バイオエナジェティックス理論」の提唱者であるアレクサンダー・ローエン（1910―2008）は、ライヒに師事した弟子に当たります。体と精神と感情は、すべてが相互に関係しているというライヒの理論から、ローエンはエネルギーを活性化させて放出するという多くのエクササイズを考案しました。ローエンは、頭、肩、骨盤、背骨、胸部といった部分に宿る性格パターンを具体的に研究し、書籍や文献に残しており、日本でも『身体と性格：生体エネルギー法入門』（創元社）という本が出版されています。手に入れるのはもう難しいかもしれませんが、心身エネルギーの分野で名著です。

さらにローエンの影響をうけて、セラピーを体系化したのが、アメリカのロン・クルツ（1934―2011）です。ロン・クルツがまとめたメソッドは「ハコミセラピー」という名で知られています。「ハコミ」という言葉は、アメリカの先住民ホピ族の言葉です。「日常のさまざまな側面に対して、あなたはいかに参画しているか？（How do you stand in relation to these many realms?）」簡単にいえば「あなたは何者か？」という意味だそうです。ロン・クルツが提唱した8つの「性格戦略理論」とは、ストレス、欲求、望み、他者、自分自身という内外の環境との長期的関わりの中で形作られ、習慣化している体の反応形式のことをいいます。

ライヒ→ローエン→ロン・クルツといった系譜は、普通に勉強していても出会うことは少ないかもしれません。僕にとっては、心と体のつながり分野のど真ん中の人たちでしたので、当時は興奮して学んだものでした。

ほかにも、ゲシュタルト療法のフリッツ・パールズ、ドリーム・ワークのアーノルド・ミンデルの理論にも大きく影響を受けました。

●思い込みの体への作用

プラシーボ現象（プラセボ効果）という言葉を聞いたことがあるでしょうか？　日本では一般に「偽薬」と呼ばれ、成分的には薬効のない

How do you stand in relation to these many realms?

乳糖や生理食塩水などが効能を発揮し、患者の症状を軽減させたり、治癒させてしまうような現象です。

プラセボの勉強をしていると必ず出てくる症例が、ブルーノ・クロッパー博士による1957年の症例研究で、フィリップ・ウエスト医師とライト氏の話を報告した「ライト氏の事例」(Klopfer 1957)です。

患者のライト氏は末期のリンパ肉腫疾患で、ウエスト先生が彼の主治医だったのですが、いろいろと治療しても、どの治療も功を奏さず、残された時間も少ない状況でした。転移が激しくて、首や胸や、腹部、腋窩、鼠径部にオレンジほどの見た目にわかるような腫瘍が広がっています。脾臓や肝臓も肥大化して、濁った胸水が毎日2リットル近くも溜まります。

医学的事実としては、これはもうどうしようもない、手の打ちようがないという状況でした。余命もあと1週間ほどだろうというふうに思われたんですが、ライト氏の強い希望もあって、期待の新薬に望みをかけたわけです。

しかしクレビオゼンという名のその新薬は臨床試験中なので、余命が3か月程度見込める者だけに適用されるもので、こんなにも余命が少ない人だと使えませんと断わられました。それでもライト氏はあきらめませんでした。クレビオゼンを使えば奇跡的に回復すると信じて必死に訴え続けたので、とうとうウエスト先生も押しきられました。

そうして決意して投与したのです。投与は金曜日だったのですが、ライト氏は週末を乗り切れないだろうと予測していました。

ところがところが、翌週の月曜日になってみると、驚いたことにウエスト先生はライト氏がベッドから出て歩いているのを目撃してしまったのです。あれ（驚）！という思いだったでしょう。

記述によれば、彼の腫瘍はまるで熱いストーブの上に落ちた雪玉のように溶けてしまった……こんなことが起こってしまうわけですね。しかも最初に投与してから数日後にライト氏はすっかり体調を持ち直して退院までしてしまいました。退院後もライト氏はすこぶる体調がよくて、この薬は奇跡の薬だということで感謝していたのです。

しかし、この話には後日談がありまして、それから2か月後、ライト氏はある著名な科学誌を読んでしまうのです。そこには、奇跡の薬だったはずのクレビオゼンには、実はまったく効果がなかったという学会発表が掲載されていました。

これを読んだライト氏はとたんに様子が一変してひどく落ち込み、同時に病気が勢いを盛り返してしまいました。ウエスト先生も非常にびっくりして、こんな奇跡的な症例をこのまま終わらせるのはもったいないと、一計を案じてライト氏を元気づけようと思いたちました。

「初期に使われたクレビオゼンは、輸送中に劣化していたために効果が薄かったが、新たに純度の高い強力なクレビオゼンを手に入れたのでそれを使ってみよう」と提案したのです。でも、これは実は真っ赤な嘘で、励ますための「嘘も方便」的な提案でした。

ウエスト先生は神妙な面持ちで、ライト氏に「生理食塩水」を注射しました。薬効成分も、何も、まったくないはずです。しかしながら、再び奇跡のような現象が起こり始めたのです。ライト氏の腫瘍は縮小していって、胸水も消えて、その後2か月間、元気に暮らしたのです。またも、あれ（驚）！という思いですね。

ところがライト氏は性格上、とにかく調べることをやめられなかったので、雑誌をフォローし続け、米国医師会が改めて大規模な臨床実験をやった結果、「クレビオゼンは期待の新薬だったが、やはり優位な効果はなかったと断定した」発表を読んでしまったのです。そのことによってすべてが崩壊してしまいました。今度こそこの薬に対する信頼を失ってしまって、にわかにライト氏の病状は悪化して、その2日後に死亡してしまったのです。

この事実をどう解釈すればよいでしょう。いってみればこれは、ライト氏の「思い込みの力」が、よいようにも悪いようにも体に作用したという証明になります。

プラセボという言葉は、もともとはウエスト先生がライト氏にやろうとしたように「喜ばせる」、「期待させる」という意味がラテン語としてあるそうです。プラセボ効果について医学的に最初に報告したのは、ハーバード大学のH・K・Beecherという博士です。

1955年に発表した報告書では20件以上の研究論文を分析して、被験者の平均32パーセントにプラセボ効果が見られたと結論づけています。薬効成分とリンクしない思い込みだとか、喜んで期待感を持っているということによる心身の良好な変化が、3割にまで及んでいるというのです。

ほかにも『パワフル・プラセボ～古代の祈祷師から現代の医師まで～』（Arthur K. Shapiro・Elaine Shapiro著　協同医書出版社）という本にも、薬をのんだり手術を受けたりしたと「信じる」だけで、実際に体の症状が軽減するということが、数々の医学文献を引用して報告されています。

たとえば、喘息患者の半数近くが偽《にせ》の吸入器とか、偽の針治療で症状が軽減する。頭痛では約40パーセントの人々に、下痢では半数近くの人にプラセボが効く。潰瘍の痛みに対して、プラセボを与えられた研究対象者の半数以上で痛みが治まった。ホットフラッシュに悩む人のために偽の鍼治療をするとほぼ半数に効果がある。偽の排卵誘発剤を与えられた不妊症患者のなんと40パーセントまでが実際に妊娠したという報告。

痛みに対する効果を比較するとすれば、モルヒネにほぼ等しいぐらいの効果を示すし、複数の研究において抗うつ剤投与で患者が体験する反応の多くの部分がプラセボ効果によるによると考えられている……こうなると、医療現場からプラセボ効果を排除するということ自体、無理だということになります。

実際にプラセボ効果をうまく活用することによって効果を増すことも可能です。そうしたことに気づいているお医者さんたちももちろんいて、出し方によって効果が上がるのは、経験上わかってはいる部分はあります。ただ、現状では医薬分離も進んでいるし、プラセボは必ず等しく誰にでも起こるとは断言できない。たとえそれを誘導できたとしても、「嘘を伝える」という医療倫理に反する問題も抱えています。

心身医学の難しさは、こうしたことにあります。まずその現れ方において、個々人による程度の差がありすぎるということ。また個人においても再現性が確実ではなく、不確定要素が多すぎるということ。お医者さんとしてもプラセボ効果を積極的に講じたにもかかわらず、成果が出なかった場合の責任を、いまの医療制度の中では負いかねるという事情もありますね。

ただ、プラセボが証明しているのは、心と体のつながり自体は明らかな事実であるということです。心の癒しが体の癒しにつながることは事実。でもそれは、とてもパーソナルに、その人の個性や性格が大きく影響するものといえます。

心の癒しとはプロセスである

30年間カウンセラーとしてやってきた道のりを振り返ると、心理学や心理療法の勉強も、ずいぶん回り道と道草をしながらやってきたなあという思いです。いまは、公認心理師という国家資格の心理職が誕生していますから、資格を得たいという人には、いちばんの近道かもしれません。

でも、心の癒しを目指すとしたら、僕にはこの30年間の回り道と道草が愛おしくてなりません。僕のクライアントさんは体に疾患を抱え、病気に悩み、人生のギリギリのところでやって来られる方が多くいます。本音の人生談義といいますか、潜在意識の欲求まで扱うので、何が飛び出すか、こちらも日々、心の器のバージョンアップを図っていかなければなりません。自分に足りないものを、つど補強するために、このチャプターで紹介したようにさまざまな心理療法を学びに行き、さまざまなメンターに教えを請う必要があります。

人間、自分の心に真正面から向き合って、時に自分でも気づかないような本心と出会うことなんて、だいぶ追い込まれることがないとなかなか体験できるものではありません。病気になったり、人間関係でひどく裏切られたり、経済的に困窮したり、人生のギリギリの瀬戸際に立たされたりして初めて、自分の人生と本気で向き合う……心理療法の現場というのは、人間心理のるつぼです。恥ずかしさや、醜い人間性や抑圧していた感情が投げ込まれる場所です。

僕もずいぶん多くの方の本気の人生観や世界観というものに寄り添わせてもらいました。僕一人の短い人生ではとてもできない心の経験でした（何百歳の気持ちです）。

学び、現場で実証し、学び、また現場で実証してきて僕にとっては、カウンセリング現場が心の癒しの学びそのものでしたが、多様性のある人の人生観や死生観の中で、何が正解かなんてありません。

「心の癒しにはゴールなんて存在しない」ということを悟ることが心の癒しの本質なのではないかということに、最近うっすら気づき始めています……。でも、そんなことをいうと身も蓋もないので、公言はしませんせん（書いてますけれど）。

だからといって、心を放っておいてよいものだとも思いません。癒しとはゴールではなく、「プロセス」だからです。先に書いたように、心というものが、そもそも生命の不安定を先んじて察知する装置として発達させてきたものとするならば、心の不安定やあなたの悩みそのものが、心の機能を充分発揮させている証拠といえるのです。つまり、あなたの心は人類最先端の一翼を担って、今日も「その機能が磨かれている」と見ることができるのです。

日常の心理学

いま、僕のオフィスにある本棚を見ただけでも、そうそうたる心理学者の本が並んでいます。フロイト、アドラー、ユング、メラニー・クライン、カレン・ホーナイ、アンナ・フロイト、フリッツ・パールズ、ミルトン・エリクソン、ドナルド・ウィニコット、ジャック・ラカン、エーリヒ・フロム、カール・ロジャーズ、アブラハム・マズロー、ヴィクトール・フランクル、ロロ・メイ、アルバート・エリス、ヴァージニア・サティア、ティモシー・リアリー、ポール・ワツラウィック、R・D・レイン……等々。

けれど、ときどき思うのです。こうした偉大な心理療法家たちも、一個人として彼ら、彼女ら自身の心を、心理学的にどう生きたのだろう？　各個人それぞれの視点に「なりきって」みたら、世界はどう映るのだろう？

全員の伝記を読むことは難しいですから、自分が最もリスペクトできる心理療法家を選び、フロイトならフロイトの、ユングならユングの、エリクソンならエリクソンの生き方、生活スタイル、日常の習慣などをモデリングして、世の中や人間関係を想像してみる……。

30年間、3万件以上のカウンセラーとしてやってきて、僕がとても重要だと思ったのは、綺羅星《きらぼし》のような心理学者たちが残してくれた、「心」というものへのアプローチのヒントが、現代の日常の夫婦の会話、子育ての会話、職場での会話に、心理療法やカウンセリングという形式（枠）を超えて活かされたらどんなにいいだろうということでした。

カウンセリングは、専門家とクライアントの二者対話で成り立つという時代でもなくなってきました。より日常に近いところで心の癒しのプロセスをどう実現するかということで、僕は「アイビーマッピング®」という心の整理術を開発して、各地に展開しています。

心の癒しの反対は何かといえば、心が固まってしまうことです。体も固まってしまえば、循環が悪くなり、関節も可動域が狭くなって行動範囲が狭まりますね。心も固まってしまえば、それだけあなたの住む世界は狭くなってしまうのです。なので、日々の体のストレッチと同じように、心も日常でほぐしていく習慣が必要なのです。

「アイビーマッピング」は、僕が学んできた数々の心理療法のエッセンスを、日常会話の中に活かす方法を凝縮したものですが、学んで、生活の現場で実証し、学んで、子育ての会話で実証し、学んで、夫婦の会話で実証し、学んで、自分の心との対話を継続する……その繰り返しで心が柔らかくなる工夫がなされています。

「心の癒し」とはプロセスです。あなたの暮らしは、きっとそのプロセスの中で豊かになっていくはずなのです（２４６ページ）。

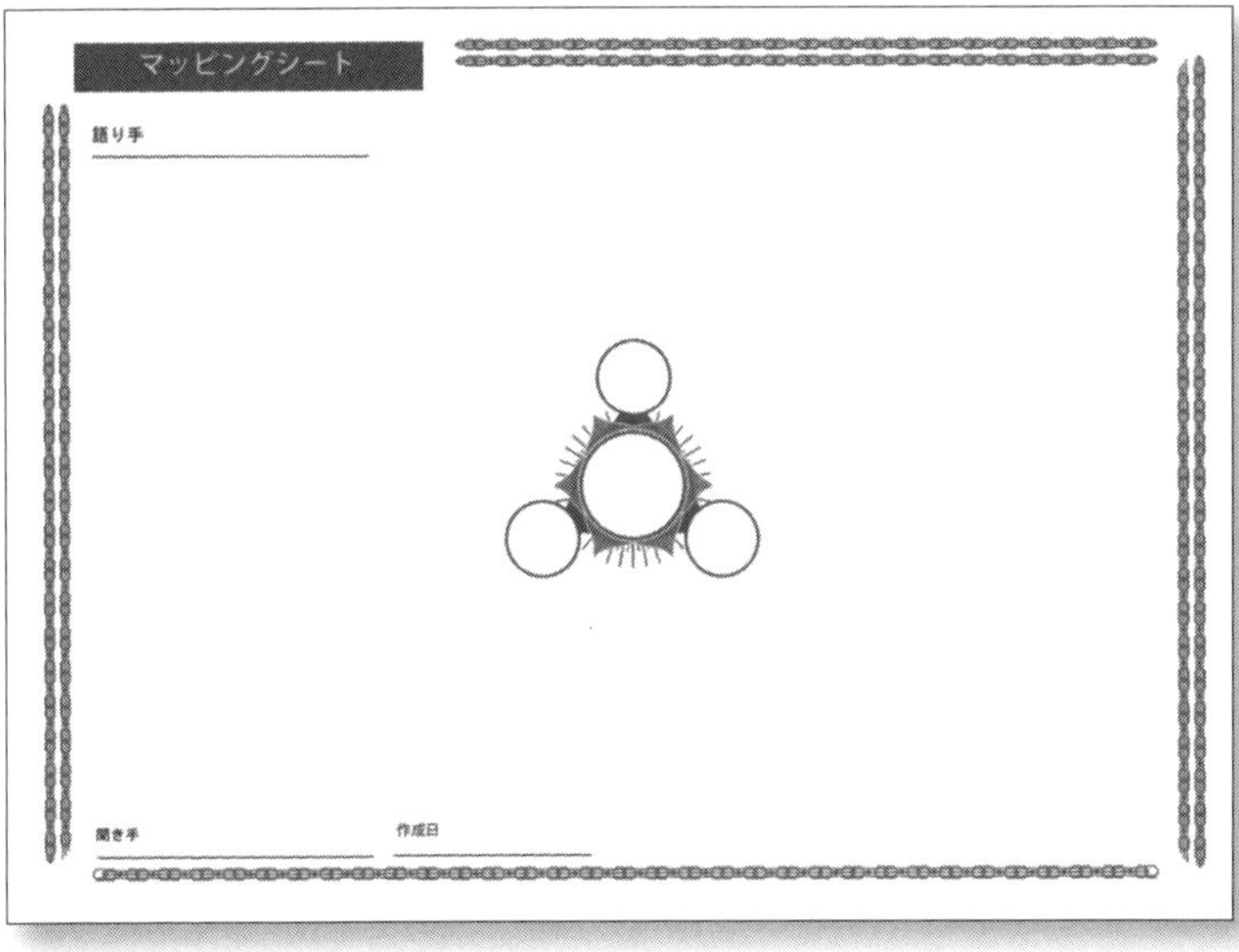

PART 2

体の癒し

触れるという癒し

体の癒しと聞いて、あなたがイメージするのはなんでしょうか？　エステ？　リラクゼーション・マッサージ？　アーユルヴェーダのシロダーラ？　マッサージにも、アロマトリートメントやリンパマッサージ、スウェディッシュ、バリニーズ、タイ古式、リフレクソロジーなどたくさんあります。

体の癒しにおける一丁目一番地は、「触れる」という行為にあります。最近では、触れることによる医学的な研究発表がさまざまになされていますが、その中で最も知られるようになったのが、「オキシトシン効果」でしょう。

オキシトシン

脳内の視床下部で生産され、脳下垂体から分泌されます。発見当時は、出産時に子宮を収縮させたり、母乳の分泌を促したりといった作用しか知られていなかったため、ギリシャ語で、「早い（okys）出産（tokos）」を意味するオキシトシン Oxytocin と名づけられました。

しかしのちに、神経伝達物質としてのオキシトシンが脳内のオキシトシン受容体に作用し、さまざまな効果をもたらすことが明らかになりました。

・幸福感

緊張すると心臓が高鳴るのはストレスホルモン「CRF」が分泌され、これが過剰になると胃が痛くなる、イライラするといった防御反応が強まります。オキシトシンにはこうした行きすぎた防御反応を解除する働きがあります。

さらにオキシトシンが増えることで「セロトニン神経」が刺激され、神経伝達物質のひとつ「セロトニン」が分泌されます。それにより幸せ感が増すとされています。ほかにも脳内では「前頭前野」や「扁桃体」といった部位と深く関わっており、オキシトシンが不足すると、精神のバランスが乱れる恐れがあります。

・信頼感

オキシトシンには、他者への信頼感を高める役割もあります。神経科学と経済学を組み合わせた「神経経済学」の専門家であるポール・J・ザック氏は、オキシトシンと信頼感情の関係についての実験結果を2008年に報告しました。

血中オキシトシン濃度を測定し、鼻から吸うオキシトシンスプレーも使用したところ、オキシトシンの値が高くなるほど相手への信頼度合いも高くなることがわかったそうです。オキシトシンは、他者を信頼し、良好な人間関係を築くのに一役買っています。

・記憶力の向上

オキシトシンは記憶力にも深い関わりをもっています。2000年、神経科学者のトーマス・L・インゼル氏らは、「オキシトシン分泌機能がないマウス」をほかのマウスと一緒にケージに入れて実験しました。

本来なら、マウスは、別のマウスに会うと初回は40秒ほどにおいを嗅ぎ、会う回数を重ねるごとに、かぐ秒数を減らしていきます。しかし、「オキシトシン分泌機能がないマウス」の場合、同じマウスに何度会っても、においをかぐ時間は40秒のままでした。つまり、オキシトシンの不足が原因で、相手のマウスをいつまでも記憶できなかったのです。このように、相手のことを認識し、記憶する能力は「社会性記憶」といい、オキシトシンが特に深く関与していると考えられています。

・オキシトシンの分泌を増やすには

オキシトシンの分泌を促す方法をいくつかあげてみましょう。

◎柔らかいものに触る
◎食事や会話を楽しむ
◎親切にする
◎猫や犬の動画を見る
◎食べ物から栄養素を摂取する（オキシトシンの合成には、ビタミンC・ビタミンD・マグネシウム・タウリン・カフェインなどが関わっています）
◎いいにおいの精油をかぐ
◎音楽や映画で感動する
◎瞑想をする

しかし、オキシトシンの分泌を最も促すのは、なんといっても「触れ合うこと」です。オキシトシンは肌への「感覚刺激」によって分泌されやすいと、多くの研究が示しています。ザック氏らが2012年に発表した論文では、15分の背中マッサージによる血中

オキシトシンの分泌を増やすには（例）

オキシトシン濃度の増加が確かめられました。

背中などをなでることで心身を回復させる「タッチセラピー（タッチケア）」は、医療や介護の現場でも導入されているほど効果的です。マッサージの場合は1分間に40回、肌をなでる場合には1秒間に5センチメートルというペースを意識すれば、オキシトシンが分泌されやすくなります。

皮膚という境界線を越えていく

私たちは一般的に、皮膚一枚を隔てて個人と個人以外を分けて認識しますが、自らを分けて「自分」＝ここには、皮膚という境界線が示す非常に深い心理学的要素も含まれています。

あなたがマッサージ・セラピストなら、いいえ、マッサージを受ける側の立場であっても、触れる・触れられることの「相性」を感じたことがあるでしょう。手の力の入れ具合、体を動かすタイミング、肌の滑り具合、温度、湿度もあるでしょうし、肌のpH《ペーハー》なんかの相性もあるでしょう。皮膚表面にはバイオフィルムといった細菌叢もいます。もしかしたら、自分の肌の細菌叢と相手の肌の細菌叢で相性を決めていたりするかもしれません。

皮膚の表面積はおよそ1・8立方メートルあります。1平方インチ（約6・5平方センチメートル）の皮膚に、約1900万個の細胞があり、平均して625個の汗腺、90個の脂腺、65個の毛包、1万9000個の感覚細胞、そして約4メートルにおよぶ微細な血管があります。すごいですね。

また、触覚、圧覚、痛覚、温覚、冷覚などの感覚器が埋め込まれており、ほかにも体表の保護、発汗排泄、体温の調節などの機能を持ちます。皮膚にはそれらを担うさまざまな知覚神経の終末が分布しているのです。

●赤ちゃんの皮膚感覚

皮膚感覚の原初にさかのぼってみると、面白いことにたくさん気づきます。受精卵が子宮に移動し、着床したあと、自己と外界を区別するものとして皮膚が形成されます。その意味で皮膚は最初に形成される感覚器なのですね。出産のとき、赤ちゃんは産道を、体を回転させながら進みます。この回転がたくさんの皮膚刺激を生じさせ、特に脊髄とそのまわりの神経節に強い刺激をたくさん受けることで脳に伝わり、呼吸中枢にスイッチが入り、肺呼吸が可能になるのです。皮膚と呼吸は連動しています。「皮膚呼吸」というのは、まさに肺と皮膚の密接な関係を示しています。

さて、出産後、赤ちゃんの皮膚は、外界で触れたものの形、質感、湿気、柔らかさ・かたさ、温度や熱などさまざまにキャッチしていきます。赤ちゃんの皮膚はまだ薄いので、皮膚の末端神経は十分保護されていません。そのうえ数も多く、さらには皮膚感覚を司る大脳皮質の体性感覚野は誕生のときにいちばん発達しています。ですから赤ちゃんは、触覚については非常にデリケートなのです。ちなみにほとんどの赤ちゃんは、左半身よりも右半身が敏感で、たぶん右利きの前触れといわれています。女児のほうが男児よりも敏感なことが多いです。

●触覚の意味

ここで触覚の秘密を知るために、触覚のみの世界を想像してみましょう。

ほかの感覚はまったくないとイメージしてみてください。目も見えないし、音も聞こえない、においもしなければ、もちろん味覚もない。ただただアメーバのような存在として、触れる感覚だけを頼りにのそのそしてみます。

触覚人間になって過ごしてみると、何が起きると思いますか？　まず、あちこちぶつかりますね。ぶつかる、という感覚は触覚のなせるわざなんですね。

そして、しばらくすると、まわりのものをあれこれ触ってみたくなります。でも、何が手に触れるかわからないから、けっこう緊張しますね（この緊張感が肌を酸性に傾け弱酸性にします）。そーっと身のまわりを点検しながら、ゆっくりとあたりに触れていきます。そうして次第に「外界と自分の距離」というものを知っていくのです。

するとわかることがあります。触覚というのは「自分の外側の世界をキャッチするための感覚」だと思っていましたが、違ったのです。触覚だけに頼って過ごすと、触れるモノ、モノ、モノの間に「自分の存在」というものをはっきりと自覚するようになります。

なおも、触覚のみに浸ってしばらくいると、今度は、自分の指先の形、体のサイズ、自分の体がどのように空間を埋めているのかが、リアルに感じられます。なるほど触覚とは、外界をキャッチするというより「自分という存在の輪郭」を教えてくれる感覚なんだ……。

ネコのひげや昆虫の触角などは、自分のサイズをつねに測っていますね。あれは、「自分がどこにいるか」を探っている行為なのです。僕らにはそうしたアンテナはないけれど、代わりに「触れる」という皮膚の感覚が、それを果たしてくれているのです。

つまり触覚とは、「自分がここに存在する」ためのとても大切なセンサーであるということがわかるのです。

なるほどそれで、触れられて、抱っこされて、スキンシップが豊富に育った子どもの心が安定しているといわれる意味がよくわかりますよね。
それは心理的に「ここに存在をしてもいいよ」というメッセージを、たくさん注入することなのです。自己存在を認められるというのは、人間にとってきわめて重要な基本感覚なのです。

触覚は、赤ちゃんが最初に身につける感覚ですが、もっといえば、生物がアメーバとして誕生したとき、最初に感じたのも触覚だったろうと思います。自分の領域を教えてくれる触覚。

そういう前提に立ったとき、「Touch というのは、非常にデリケートな世界なのだということがわかりますね。大げさにいえば、人と人との領域同士が干渉し合う接点。やさしく触れられているように感じても、マニュアルどおりだなと感じる場合と、本当に安心感が得られる場合とあります。それは多分に施術者の感性によるところが大きく、逆にまた、施術を受ける側がいかに相手に自分を解放できるかにもよるといえます。

●癒しとは双方向

マッサージに行って、よけいに調子を崩す場合があります。これは相手との相性が悪く、その施術に緊張して、体に変な力が入ってしまうケースといえるでしょう。

これとは別に、いわゆる「好転反応」に合う場合もあります。僕自身が足つぼマッサージを受けたときのことをお話ししましょう。一応、足裏の反射区を心得ていますので、気になっている腎臓ゾーンを施術されると、思い切り棒で突かれて「ふぎゃ～」と声を漏らしてしまうほどでした。

腎臓の疲労については、当時、ものすごく自覚があったので、痛かったけれど、これは的確に施術してもらったものとその場は喜んでいました。ところが翌日から、39度を超える発熱が起こって、まる5日間床に伏すことになってしまったのです。ちょうど風邪をひくタイミングだったのか、僕のような仕事でまる5日間休業してしまうのはとても困る状況だったのですが、それでもそれほど疲れを溜め込んでいたのかなと思い、足つぼとの関係はとくに考えませんでした。

ところがその1年後、たまたま同じ足つぼを受けることになり、またまた腎臓ゾーンに激しい痛みを感じました。そのときにも「おー、的確だ」なんて喜んでいたのですが、翌日に39度の熱が出るに至って、はたと思い出したのです。

「あ、1年前にも熱が出たな」。そこからまたもや5日間伏せることになって、これはどう考えたものか、と。

それから足つぼには少し慎重になりました。寄りつかなくなって3年後、今度はなんと、腎臓結石を発症してしまったのです。ああ、これまたどう考えたものか、と。

短いスパンで考えたときは、

足つぼで腎臓ゾーンに刺激を受けた↓高熱を発症した

で終わってしまいますが、長いスパンで考えたとき、

腎臓結石を発症するほどの疲れが慢性的に溜まっていた↓定期的な足つぼが腎臓の機能回復に役立っていた（代わりに浄化の過程で高熱が出る）

という解釈になります。どう解釈するかは、受ける側で決めていかなくてはなりません。施術者のほうでは、よほどの名人でないとそこまで意識しているかどうかはわかりませんから。

触れるという癒しは、触れる側と触れられる側の双方向の作用で生じるということは常に心しておかなければなりません。触れられるという刺激に対して、本人は無意識で

も、触れられる体はひとつひとつ細かい反応を返していくからです。

好転反応もそうした反応の一部で、触れる側と触れられる側の共同作業で生じるのです。先の僕の足つぼの例でいえば、施術者の人が誰でもいつも高熱を発症させるような施術を行っているわけではありません（そもそもそんな意図でやっていないでしょうから）。

一方通行では、好転反応も、癒しそのものも生じません。逆も真なりで、マッサージ・セラピストさんで、いわゆる「受ける・もらう」体質だという人も同じ原理でしょう。癒しとはつねに双方向です。それゆえに相性はとても大切なのです。

タッチセラピー

僕が、触れる・触れられるセラピーの奥深さを体験したワークに、「アルーンコンシャス・タッチ」と「セラピューティック・タッチ」があります。

アルーンコンシャス・タッチは、アメリカ人のスワミ・プレム・アヌブッダと、フランス人のマ・アルチャン・アナーシャが１９９４年に創始したワークです。二人ともがインドの神秘家であるOshoの弟子であり、OshoがインドÍ、アメリカ、ヨーロッパに展開したコミューンで長年過ごし、Oshoとともにワークしてきました。

アルーンコンシャス・タッチの特徴は、目は見るものにタッチし、私たちの声や息はほかの人にタッチし、まわりのあらゆる音のバイブレーションによって私たちはタッチされていると考えるところです。食べ物は私たちにタッチすることによってエネルギーを再生するというように、日々の営みはすべて「タッチすることとタッチされること」によって成り立っていると考えます。

一方、世界80か国以上の医療現場で看護師、ホスピス関係者により実践されているセラピューティック・タッチは、アメリカ神智学協会会長を務めたドラ・クンツ、そして、ニューヨーク大学看護学部教授だったドロレス・クリーガーの二人によって創始された技術です。

「人間の体はひらかれたエネルギー場であり、エネルギーのバランスが崩れると諸々の疾患が発生する。このバランスの崩れを感知し、正す」治療法として、タッチと名づけられてはいますが、実際には非接触で、ヒーリングや手かざしと同じような原理で行われます。米国では看護師の15パーセントが，看護介入の一技法として用いており，大学のプログラムにも組み込まれています。

いずれのトレーニングも、「手当て」という意味の本質がわかる深い体験をさせてもらいました。

セルフボディケアという癒し

誰かに触れられる、施術されるのではなく、自分自身で体を動かし、体の構造や機能を整えていくセルフケアの方法もたくさんあります。

「ヨガ」はその代表例でしょう。「ピラティス」も人気ですね。ピラティスとは、1883年にドイツのジョセフ・ハベルタス・ピラティスによって考案されたエクササイズです。彼自身がさまざまな病気をかかえていて、病弱な体を克服するためにスポーツや治療法を研究し、統合してまとめ上げたものがピラティスです。

欧米では、創始者の名前を冠したボディワークが多いです。世界三大ボディワークといえば、次の三つがあげられています。

フレデリック・マサイアス・アレクサンダー（1869―1955）の「アレクサンダー・テクニーク」

アイダ・ロルフ（1896―1979）の「ロルフィング」

モーシェ・フェルデンクライス（1904―1984）の「フェルデンクライス・メソッド」

日本において、セルフボディケアといえるものには、以下のものがあげられます。

●自彊術《じきょうじゅつ》

大正5（1916）年、中井房五郎によって創始された健康体操です。天才的治療師といわれた中井が、その治療法をもとに日常に取り組めるものとして考案した、31の体の動かし方をいいます。実業家、十文字大元によって日本全国に宣伝普及され隆盛をきわめました。

●操体法《そうたいほう》

昭和初期、仙台の橋本敬三医師がさまざまな民間療法を試しているうちに、高橋迪雄《みちお》の正體術矯正法《せいたいじゅつきょうせいほう》に巡り会い、そこから医者としての立場から医学的な認識に基づいて創案・体系づけたものです。

●真向法《まっこうほう》

昭和8（1933）年ごろ、長井津《わたる》によって創案された健康法です。4種類の基本的な動作を行うことによって長い間に生じた姿勢のゆがみを調整して体の柔軟性を高め、心と体の健康を保つことを目的としています。

●野口体操

野口体操は1960～1970年代に野口三千三《みちぞう》が提唱し、広まった健康法です（有名な野口整体の野口晴哉とは別人です）。筋肉トレーニングや西洋的なエクササイズよりも、自分の体の重さを活かす動作を行っていくことで、体全体がしなやかに動いていくメソッドを体操に取り入れていきました。

そのほか、西勝造の西式健康法、藤田霊斎《ふじたれいさい》の丹田呼吸法、岡田虎二郎《おかだとらじろう》の静坐法、二木《ふたき》謙三《けんぞう》の二木式健康法は、日本が誇る体の癒しとしてぜひ、知っておいてほしい健康法です。

天才の系譜

自彊術を創始した中井房五郎は、医療制度がいまだ不十分だった時代に、現在のあん摩、指圧、整体、カイロプラクティック、マッサージ等をミックスした数百種に及ぶ手技療法で難病を治したといわれる伝説的治療師でした。自彊術は、ラジオ体操が普及するまでは、それ以前の日本の国民体操のようなものだったといわれています。

現代において、この中井房五郎を彷彿とさせる天才治療家がいます。天城流湯治法《あまぎりゅうとうじほう》創始者の杉本錬堂《れんどう》先生です。天城流とは何だか演歌みたいな名前ですが、錬堂先生のお住まいが伊豆の天城高原近くであることから名づけられました。

1950年生まれの杉本錬堂先生ですが、まったくお年を感じさせない若々しさと強《きょう》靭《じん》さで、心も体もとにかくしなやかです。しかしそんな錬堂先生も子どもの頃の虚弱体質だったそうで、その体質を克服しようと高校卒業後には自衛隊に入り、体をとことん（いわゆる筋肉的に）鍛えました。当時は毎日腹筋を600回やっていたといいますから驚嘆ですね。

その後、なぜかパティシエの道に進み、開店したお店をＴＶの取材が来るほど有名にしました。しかしあるとき、どこからともなく啓示の声を聞いて、それを機に経産省や厚労省、環境省などの観光アドバイザーを務めることになります。

しかしその後また、なぜか治療家の道に舞い戻り、アメリカのエサレン研究所やドイツのバーデンバーデンなど世界的に有名なリトリート施設に招かれ、世界中のシャーマンたちと交友を持ち、医師を含む２０００名ものお弟子さんをもつにいたったという経歴の持ち主です。

錬堂先生のメソッドは、かのチームラボさんの協力のもとで「天城流アプリ」として現在ダウンロードできるんですが、これが究極のセルフケア実践法で、まさに令和の国民体操に推してしまいたいくらいです。

先生とは、何度もコラボセミナーをしたり、イベントの共催をしたり、雑誌で対談させてもらったりしていますが、とにかくいつ会っても朗らかで、チャーミングなんですね。一流の治療家とは、その存在感で一瞬のうちにその場を「癒しの場」にしてしまえる人をいうのかもしれません。

治しと癒しの垣根

身体的な癒しにおいては、医療とセラピーの垣根という問題が生じます。「治す」医療行為は、法的にも、社会のコンプライアンス的にも、医師・医療従事者に限られます。

昨今、活躍の場が拡大している「理学療法士」は、病院や福祉施設で働く医学的リハビリテーションの専門職です。「作業療法士」とともに厚生労働省所管の医療系国家資格ですが高齢社会の進展に伴い、ますますニーズが高まっていますね。

「理学療法士は、診療の補助者の一員であり、医師の指示の下に診療を行わなければならない。医療行為にあっては、医師の処方を以って患者の診療にあたる」という法律があります。お医者さんが処方箋を書き、それに基づいて理学療法士が施術を行うという構図ですね。

でも実際、リハビリの必要な患者さんと接点が多いのは理学療法士さんなので、施術の技術だけでなく、笑顔や声がけ、相手に合わせた導入、触れ方などめちゃめちゃ勉強している人が多く、うちの講座にも学びにくる方も多いです。理学療法士さんの研修会に講師で呼ばれることもあります。なかには、お医者さんからの処方内容に誤りが多くて、修正を依頼するたびに、医師たちとの摩擦が生じることに悩んでいる人もいました。大病院だと情報のシステム化で解消していけるのでしょうが、そうもいかない診療所や福祉施設では、チームの情報共有がますます課題になっているようです。

はり師、きゅう師、あん摩マッサージ指圧師、柔道整復師も国家資格で、こちらは独立開業が認められています。それぞれの法律の定める範囲において医業類似行為が行えることになっています。

日本における国家資格系の治療家を人数で見てみましょう。

・理学療法士、21万3735人（令和5年資格合格者累計）
・はり師、13万4218人（令和4年末有資格者数）
・きゅう師、13万2205人（令和4年末有資格者数）
・あん摩マッサージ指圧師、12万1565人（令和4年末有資格者数）
・作業療法士、11万3649人（令和6年4月有資格者数）
・柔道整復師、7万8827人（令和4年末有資格者数）

国家資格ですから人数が把握しやすいですね。ちなみに、病院・介護老人保健施設・特別養護老人ホーム・デイケアセンターや障害福祉サービス事業所等の社会福祉施設などで働く介護福祉士は、令和5年9月末で194万317人います。圧倒的な数ですね。

僕は介護福祉士の皆さんが、セラピューティック・タッチや外気功、ヒーリングの技術を身につけ、決してそうとはいわずに現場で介助を行い続けたなら、日本全国津々浦々で、何だか元気のネットワークが生まれるのではないかと夢想しています。

なお、はり師、きゅう師はどちらも受ける人が多く、どちらも取得して鍼灸師です。

鍼灸

体の癒しに興味のある方も、鍼灸だけはちょっと怖い、と感じている人も多いのではないでしょうか。

僕自身、鍼灸師の知り合いは受講生にも友人にも本当にたくさんいますが、みんな創意工夫で日々技術を高めています。中には子ども向けに「刺さない鍼」に特化してメニューを組んでいる人もいます。

刺さない鍼というのは、鍼の先端が丸い金や銀製の細長い鍼のことで、刺さらないようになっていて中国でも大昔から使用されている「鍉鍼《ていしん》」という鍼だそうです。鍼灸を敬遠していた人は、大人向けにも「刺さない鍼」で完結している鍼灸師さんを探してみるのもよいかもしれませんね。

鍼灸師は、国家資格を取っても全員がすぐに開業して、仕事に従事しているわけではありません。これも僕は20代の頃のエピソードですが、友人が鍼灸学校に3年間通い、国家資格も受かったというので、さあ開業かと思っていると、「そんなに甘くないよ、まずはどこかに弟子入りしないと」と言うのです。ほう、なるほど、公的なスクールで基本をマスターしたあとは、昔ながらの徒弟制か……。これは地域差もあると思いますが、彼は関西で有名な鍼灸会に所属して、その団体の高名な鍼灸の先生のもとに弟子入りしたのです。……と、その先生が、僕が別の勉強会で親しくさせてもらったことのある先生だったので、これは奇遇と、鍼灸師でもないのに、僕も友人といっしょに一時、弟子入り見学させてもらいました。

そこにはすでに20人ほどのお弟子さんがいて、その人たちからは「お前、何者?」みたいな目で見られました。そりゃあそうですよね。鍼灸師ではないんですから。僕はこういった経験が多く、何でお前そこにいるの?という場所に入っていって、するするっとエッセンスを学ばせてもらう「癖」がありました（その分一応、いろいろ雑用もさせてもらいますが）。

……で、やはり伝統の鍼治療の凄さに驚きました。

たとえば、リウマチ疾患の患者さんだったのですが、先生は「刺す鍼」より「抜く鍼」を使って治療されていたのです。これは余分な「気」を抜く「鍼の瀉法《しゃほう》」という方法なのだそうですが、たしかに鍼の反対側が筒状になっていて気が抜けていくようになっています。鍼のしっぽに手をやると、「気」がふしゅーと手に当たるのがわかるのです。ストローで風を吹くような感じですね。これにはびっくりしました。

この先生はまた見立てがすごくて、所見を見学させてもらったときに、患者さんが「先生、私頭痛なんです」と。後ろの後頭部からグングン絞められて痛いという60代の女性がそう訴えていたのです。

先生は、「足首を見せて」と。「右の足首回んないのかな」と言って、足首の圧縮らしきもの（素人目にはわからない）を見つけて、「膝《ひざ》か脛《すね》か手術したか？」と問うんです。

女性は「ああ、ずいぶん前ですけど、ここ」と脛を出したら、確かに手術の痕。先生は「これがちゃんと気を通してないから頭痛やわ」と。

「頭痛と足と関係あるの？」って思いますよね。ところが気の世界ではあるのです。経絡でちゃんとつながっている。そうして先生は、自覚症状のある部位と手術痕らしい場所を結ぶ鍼を施したんです。

すると、その傷痕がね、どういうわけか赤く熱を持ち始めたんです。温熱なんて使ってもいないのに。女性も「ちょっと熱い、熱いです」と言い始めます。

しばらくその状態を続けて、「ほれ、どうや？」と先生。女性は「あら？」と。頭痛が取れちゃったんです。「あれ、ウソのように痛くない」……。

このときばかりは、僕は「これが伝統の鍼灸か！」と感嘆しました。魔法みたいでしたね。暖簾《のれん》分けされないと鍼灸師は一人前じゃないという意味がよくわかりました。

何か国家資格には収まらない４０００年の歴史と、あり得《う》べき徒弟制。本当に伝統の技をひしと感じさせてもらいました。

カイロプラクティック、オステオパシー、整体

医療とセラピーの垣根とは、先にもふれたように、「治す」と「癒す」の垣根ということになりますが、日本においては、各種マッサージ、各種のボディワーク、そして整体、カイロプラクティック、オステオパシーまでもが、「リラクゼーション」の範疇に入ります。「治す」という本丸は医療が、その周辺の「癒す」をリラクゼーション分野が、という棲み分けなのですが、ここにはデリケートなグラデーションがあります。

カイロプラクティック、オステオパシー、整体は、日本では国家資格として認められていません。これらは優れた体系と歴史を持っていて天才的な治療家も数多くいるのですが、日本の法体系の中ではこれらを行う治療には保険がききませんし、柔整師、鍼灸師、あん摩マッサージ指圧師のような法律も国の保護もありません。

カイロプラクティックとオステオパシーは、アメリカでは州にもよりますが、医療として認められています。日本でもアメリカで資格を取得してきたような治療家と出会えたならすごく幸運です。

●カイロプラクティック

カイロプラクティックとは、1895年にアメリカのダニエル・デビッド・パーマーによって創始された手技療法。名前の由来は、ギリシャ語で「カイロ」は「手」、「プラクティック」は「技術」を意味する造語です。骨格のゆがみ、とくに背骨の異常を手技によって調整することで神経の働きを回復する療法です。

44の国及び地域で法制化されており、本場のアメリカでは、医学に準ずる療法であるとして、カイロプラクティックを学ぶ専門の大学があります。4年間で4200時間（1000時間の臨床実習を含む）の学びのあと、卒業時にDoctor of Chiropractic（D・C・）の学位が与えられます。世界保健機関（WHO）ではカイロプラクティックを補完代替医療と位置づけており、1997年に世界カイロプラクティック連合（WFC）がカイロプラクティック団体として初めて認可されました。

現在のWFC日本代表団体は日本カイロプラクターズ協会（JAC）となっています。カイロプラクターになるには、WHOによる「カイロプラクティックの基礎教育と安全性に関するガイドライン」に提示の教育を修了する必要があり、日本では「東京カレッジ・オブ・カイロプラクティック」が該当します。ここを卒業すると、国際基準のカイロプラクティック資格が取得できます。

ただし日本では、現在は国家資格ではありません。そのため、国際基準を満たさなくとも「カイロプラクター」と名乗る治療家はいます。

カイロプラクティックといえば、「バキボキ」骨を鳴らすというイメージがありますが、僕の知り合いのカイロプラクターにはそういう派手な人はあまりいません。熱心に研究を重ね、ソフトカイロなど技を改良している人が多い印象です。

「アプライド・キネシオロジー」という技法や「アクティベータ・メソッド」も、カイロプラクティックから生まれたものです。日々、積極的に進化を遂げるというのがカイロのよき伝統なのかもしれません。

そして、その精進を支える反骨精神がカイロプラクターたちにはあります。カイロプラクター養成学校に忍び込んだときのこと（若き日はそんなことばかりしてました）、カイロプラクティックの歴史を教えてもらいました。

先の解説のとおり、カイロプラクティックが創始されたのは19世紀末なのですが、1920年ごろには米国医師会によるカイロプラクターへの弾圧があったそうなのです。カイロプラクターが無資格医療行為として投獄され、1921年には約600人のカイロプラクターのうち450人が法廷へ引き出され、無免許治療の罪で有罪に処せられたそうです。

でも多くがプライドをもって服役を選んだそうです。1922年、ニューヨークで100人以上のカイロプラクターが検挙されたときには市民運動が起こり、それを契機に1930代〜戦後の長きにわたって組織化と教育機関公認への努力を続けてきたとのことです。僕がカイロプラクターに感じてしまう熱心さと誇り高さは、こうした歴史を背負っているゆえでしょうか。

しかしながら、日本で施術を受ける側からすれば、カイロプラクターは、「これが同じカイロプラクティック?」と思うほどの差があり、選択するのはとても難しいです。初めて受けようという方には、大きな団体が紹介している、近くのカイロプラクターが無難かもしれません。

●オステオパシー

1874年にアメリカのアンドリュー・ティラー・スティル医師によって創始されました。オステオパシーの由来は、ラテン語で「骨」を意味するオステオンと「病気・治療」を意味するパシー→パソスを合わせた造語です。

オステオパシーは人体を構成している、骨、筋肉、神経、血管、リンパ、内臓、靭帯などすべてを対象としており、決して「骨」だけを対象にしたものではありません。アメリカではオステオパシーは医学として認定されており、アメリカ・オステオパシー医科大を卒業した者は、医師と同等の地位を得て、投薬や手術などの医療業務を行うことが可能になっています。

しかし、日本では民間資格であり、まだまだ認知度自体が低いのが実状です。日本においては「日本オステオパシー連合」ほか、いくつかの団体があります。

オステオパシーの手法はカイロプラクティックにも影響を与えたといわれており、筋エネルギー法や、スティルテクニック、頭蓋オステオパシーなどがあります。頭蓋オステオパシーを簡略化させ、オステパス以外の人でも行えるようにしたものが日本でもよく見られる「頭蓋仙骨療法《とうがいせんこつりょうほう》」です。

オステオパシーの歴史には、ロバート・フルフォード博士（１９０５年～１９９７年）という天才が登場します。『いのちの輝き：フルフォード博士が語る自然治癒力』（翔泳社）は、もし可能なら手に入れていただきたい名著中の名著です。

フルフォード博士は50枚以上のティッシュの下に、髪の毛があるかどうかを見極めた繊細な指の感覚の持ち主で、西洋医学がどんどん発展する時代にあって、博士自身、医師でありながら「頭蓋調整」等の自然治癒力を高める手技のみを使用し、半世紀で数十万人もの治療を行ってきました。

当時、人間の存在をホリスティックに捉える方針は、「異端の医師」と呼ばれました。しかし、そのスケールの大きな世界観からもたらされる施術方法は多方面に多大な影響を及ぼし、「フルフォード式オステオパシー」と敬意をもって称されるようになりました。

もしも近くでオステオパシーの施術をやっているところを見つけられれば、よくよく施術者の経歴を見定めたうえで、オステオパシーだけはぜひ一度、受けてみてほしいと思います。僕は、自分の講座に来てくれている受講生の中に天才的なオステオパシー施術者がいるので、ときどき施術してもらっています。

脈拍を測るのは病院でもそうでなくても受けたことはあると思いますが、優れたオステオパシー施術者は、頭蓋骨と首のつけ根の間から「脳脊髄液の拍動」を捉えて、体全体の様子を見極めていきます。その指先のセンサーは驚くばかりです。

●整体

①日本の武術の中で「活法」や「骨法」として受け継がれてきた手技療法
②伝統中国医学の推拿《すいな》などの手技療法
③大正時代に日本に伝わったオステオパシーやカイロプラクティックなどの欧米伝来の手技療法

これらを組み合わせ、自己改善療法として現在に至るものが「整体」と呼ばれるものです。整体創設の初期には整体のことを、「正体」「正體」「正胎」「整胎」などと表記していました。これらを「整体」として集大成したのが、野口晴哉《のぐちはるちか》です。野口は治療理念の確立、諸療術の体系化をはかる「整体操法」をまとめ上げ、昭和22（1947）年には整体操法の指導者育成機関である「整体操法協会」を設立しました。また日本治療師会の評議員も務め、大日本連合治療師会の創設にもかかわり、「整体」の普及に努めました。

しかし、「整体」そのものは国家資格にはなりませんでした。「接骨院（整骨院）」は、柔道整復師という国家資格を取得した人が治療にあたり、保険がききますが、「整体院」を経営しているのは民間資格の整体師なので、保険はききません。受ける側からすると違いがわかりにくいのですが、接骨院（整骨院）では、主に骨、関節、筋、腱、靭帯などの損傷（骨折、捻挫、打撲など）に対して手技を使い、保険適用の治療を行います。

一方、整体院でも同じように手技を用いますが、これは骨や関節のゆがみやズレを正すことで、血液やリンパ液の流れをよくし、体全体のバランスを整えることを目的としています。これは、あくまでセルフメディケーション（自己治療・自己改善）のサポートとして位置づけられます。ただし整体師のなかには、柔整師や鍼灸師の資格を持ち、あえて保険適用の治療をせず、独自の療法を究める治療家もいます。


僕の尊敬する整体師に、三枝龍生《さえぐさりゅうせい》師がいます。龍生先生は、政治家、芸能人を多くクライアントに持ち、いってみれば日本全体を底から整体している、といっても過言ではない大整体師です。若い頃に野口晴哉の内弟子に入り、直に指導を受けた稀有な存在なのです。プロフィールをご紹介しましょう。

昭和29年東京生まれ。少年時代に筋無力症を発症し、余命宣告を受ける。学校の先生の紹介で野口整体を知り、故・野口晴哉と出会い、そこから東洋医学の世界に引き込まれていく。さらに食事療法としてのマクロビオティックを学び、病を克服。心身のさらなる鍛錬のため、自衛隊第一空挺団に入隊。さらに野口整体内弟子、合気道養神館内弟子と修行を積み、昭和59年、整体師として独立。武道、医道、合気道の三位一体《さんみいったい》「武医道一如」を実践。

三枝先生からうかがった治療エピソードはたくさんありますが、印象的だったのが、長らく首の痛みに悩んでいた男性の話です。先生の治療院に来られる前にも、病院はもちろん、あちこち通ったものの一向によくならない。ここで普通の整体師なら、頚椎や頭蓋骨あるいは腕の様子などを見ていくかもしれません。

ついでにいうなら、これが心理療法家だったら、首の痛みの背景にあるストレスについて傾聴していくでしょう。食養家なら、食事の在り方を正していくレシピを処方するかもしれません。ヒーラーならば直接、首元にヒーリングをかけるでしょう。霊能者なら、ご先祖供養をすすめるかもしれませんね。

ところが、三枝先生は男性の首元に触れてはいながら、首が回らないのは、期日の迫った借金が原因だということを喝破したのです。のみならず、先生の人脈から知り合いの金融会社に連絡して借金を分割してもらう了解まで取りつけたのです。「借金、何とかなるよ」と男性に告げた途端、その男性は言いました。

「あ、先生、首の痛みがずいぶんマシです……」。

こういう規格外の治療を行う人が三枝龍生という人です。整体の枠に収まらないクライアントの悩みを瞬時に見抜き、答えを未来から持ってこられるような治療家。

僕は、一流の治療家（セラピスト）を見分けるポイントはなんですか？と質問を受けることが多いのですが、そんなとき、龍生先生を念頭に置きながら、こう答えることにしています。

それは、その治療家（セラピスト）に、その人独自の世界観があるかどうか。その世界観が、その人の存在そのものからにじみ出ているかどうか。クライアントの心と体の本質に向き合い、数々の現場からくみ取った中で熟成されてきた生命観、宇宙観、健康観、死生観を深め切ったところ生じるオーラのようなものをまとっているか。

きっと、それはいくら知識を吸収してもまといえるものではありません。ありふれた情報や誰かの知識の横流しばかりでは決して醸し出せないもの……。

一流の治療家とは、日々の現場で自分の頭と魂で都度、「答え」を出し続けてきたかどうか、その経験にかかっていると思うのです。

PART 3

空間と時間の癒し

空間の癒し

空間の癒しと聞くと、風水や家相を使って運気を上げていくことを連想される方もいるかもしれません。昔、20代のなんでもチャレンジの頃の僕は、クライアントさんの要望に応えてその方のおうちにお邪魔し、病気に応じて次のような空間を整えるお手伝いをしていました。

・泌尿器系疾患の方には、

水回り（洗面所、トイレ、お風呂場、キッチン、排水溝）

・呼吸器系疾患の方には、

玄関口、勝手口、窓、

・消化器系疾患の方には、

ダイニングルーム、食卓のテーブルや椅子の具合、

・循環器系の方には、

寝室と電磁波環境など

ドイツやスイスから高周波、低周波の各電磁波計測器を取り寄せて、シールドを施したり、炭素埋設を促したり……。建材による化学物質アレルギーの場合は、その対策を業者さんといっしょに講じたり……。

ただ、部屋を整えても整えても、体調が思わしくないという方もいました。これは僕が下手くそだというわけではなく（笑）、客観的に見ても標準以上に環境は改善しています。

これはいったい、どういうことでしょう？

あるクライアントさんが家の建て直しをすることになったときのこと、お金に余裕のある方だったので、建築材料にとことんこだわった自然派健康住宅業者さんと風水師さんとチームを組んで、最高のマイホームづくりをしたことがありました。

でき上がった家はほんとうに最高でした。玄関に入ったとたんに、気持ちよさが漂って体に染みこんできます。「いいなあ」とチーム全員がうらやましがる家になったのですが、しばらくして定期カウンセリングに来られた当の本人が言うには、もうひとつ別にあるマンションのほうにばかり住んでいるとのこと。

「えー、どうしてですか?」と僕が問うと、「そうなんですよね~、自分でもわからないんですけど、あそこにいると自分がだめな人間に思えて……」「どういうことです?」「最高の建物だということはわかっているんですよ。でもなんだろう、そう、優等生に囲まれている感じがするというか……落ち着かないんですよ(笑)」。

ご本人も笑っているので、僕も噴き出してしまいました。なるほど床も壁も床下も、天井の素材もデザインもインテリアも最上級。で、なんだか居心地が悪くなるなんて……。

「私ね、いまでこそいい暮らしをさせてもらっていますけど、子どもの頃は長屋暮らしでね。薄ーい壁の向こうにお隣さんやご近所さんのけたたましい声が響く中で育ったんですよね」「へえー、そうだったんですか」「こんな環境いつか抜け出してやる!っていままで頑張ってきたんですけど、なんだかねえ、あの頃が懐かしいんですよね」。

「家」を「おうち」にするのは人ですから。人がいない家屋はどんなに建材が素晴らしくても廃れていきますね。

また別の、今度は女性のクライアントさんのケース。不安神経症で、何かにつけて自信が持てない。敏感体質なので、よどんだ空気や人の邪念、緊張した場面に弱く、それらを防ぐために魔除けのネックレスやブレスレット、結界を張るという触れ込みの腰ベルトやガードルも装着されていました。指輪もいくつもしていてかなり重たそうでした（それでパンチされるとたしかに防御力はありそうです）。

家にはもちろん数々のシールドが施してあり、押し入れの角にはインドから輸入したピラミッドパワーが配されていました（なぜインドかはわかりません）。彼女によればそれぞれのグッズが出す波動がどれも最強なのだそうです。

にもかかわらず、いまひとつ体調がすぐれないので、僕のところに相談に来られたとのこと。それで僕は素朴に聞いてみました。「どれも最強となると、どれが一番かわかりませんね」「はい、でも全部、最強なんです」何かにつけて自信が持てないという彼女もそこだけは自信たっぷりにおっしゃいました。

「でも、波動ということだと「干渉」し合いますよね」「干渉って何ですか？」「波同士がぶつかり合うと別の種類の波が生じるということです」「え、そうなんですか？」「そうですね。しかも最強同士だから元のものとはまったく違ったものになってるかもですね」「えー！」

……ということで、できるだけグッズを減らしていこうという話になりました。不思議なことにどんどん減らしていくほど、彼女はどんどん元気になる。最後の最後に見つけたのは、素の彼女自身の波動こそが最強だったということでした。

魔除けグッズだけの話ではなく、私たちの暮らしはモノにあふれ、モノによって行動が制限される状態になっていることが多いです。床置きのモノたちに足元をすくわれ、壁かけや戸棚、本棚など視野に入るモノたちから発せられるサブリミナルな圧迫が、日々脳を疲れさせます。

積読《つんどく》とは、読まなければと思ってはいるのに、積んだまま全然読めていない本たちのことを指しますが、それらが視野に入るたび、あなたをほんの少し無力感に陥れます。

TVやパソコンはまるで自分たちが主人のような顔をして、私たちの座る場所を向こうから決めてきます。先の彼女ではないですが、モノを減らせば減らすほど、その空間の主人公が自分であることを思い出せるはずなのに……。

これだけモノがあっては、家相も風水もない……。そんな姿が、現代社会生活かもしれません。モノには磁力があります。モノ同士の磁力線の中で、あなたはあなたの行動を制限されています。これだけの物量の中で生活することなど、人類はかつてなかったはずですね。部屋の器をモノの絶対量が大きく越えているわけですから。

さあ、ではモノを手放していきましょう！ということになるのですが、そうはいっても、モノで堆積した部屋や家の片づけや整理整頓は、一大事業です。日常のルーティンの中で片手間にできることではありません。

引っ越しの機会があれば大チャンスですが、そうもいかない場合は、改めて「リセット」する時間が必要だし、そのための家族の理解と協力も必要でしょう。一人で考えていては途方に暮れるので、ここは専門家の知恵を借りてみるのもいいでしょう。あなたに合った片づけ、整理整頓のスキルやプロたちを探してみるのが第一歩です。

●断捨離

僕の場合は、幸運にも「断捨離」提唱者のやましたひでこさんとお仕事をさせてもらうことが多く、そのメソッドはもちろん、断捨離の思想から、本当に多くのことを学ばせていただいています。

累計700万部以上の大ベストセラー作家。BS朝日の『ウチ、断捨離しました』は、毎週放送の人気番組。

ヨガに伝わる断行・捨行・離行から着想を得て、断つ、捨てる、離れるを、日常におけるわかりやすい実践哲学として家事・片づけに応用し、生活革命を起こし続けている方です。いや、もう家事・片づけの範疇に留まりません。


断捨離は学べば学ぶほど、実践すればするほど、「術」ではなく、「道」＝すなわち生き方だということが見えてきます。いまや中国でも大人気で、やましたさんが中国に渡ると、まるで親善大使かのようなもてなしです。中国人のうち少なく見積もっても2億人は「断捨離」という言葉を知っているといいますから、軽く日本の総人口を越えています。ご自身がいつも謙虚におっしゃるように「一主婦」が、なぜこんなにまで多くの人をひきつけ、芸能人、アスリート、学者、宗教者、政治家の間にやましたさんファンが多く、多くの断捨離受講生の人生を変え、救い、励ましてこられたのか。やましたひでこさんを貫く哲学とはいったい何なのか……。

と書くと、とても高尚で、近づきがたい人のような印象を抱くかもしれませんが、ほんとうに気さくでごきげんで、何がそんなにおかしいのかというくらいにいつも笑っておられます。ご自身が長年のヨガの指導者であったので、見るからに色艶よくお元気そうで、かなりなハードスケジュールに違いない毎日を軽やかに過ごしていらっしゃいます。

「仕事は傲慢なほどに、でも、人間は謙虚に」というポリシーのとおり、こと断捨離に関することには厳しさを持って妥協を許さず臨みますが、一転、楽屋や対談などではどんな人と会っても謙虚に丁寧に接し、威張ったような姿を見たことが一度もありません。相手の肩書きによって態度が変わることなく、番組収録のスタッフさんたちにも、いつも感謝と気遣いの言葉をかけておられます。

やましたさんとは、僕も2011年からもう13年以上のおつき合いをさせていただいています。まだまだ教えていただくことばかりですが、やましたさんと出させてもらった共著『大切なことはすべて日常のなかにある』（かんき出版）から、いくつか抜粋し、ご紹介します。

角張った物入れ箱が廊下にはみ出して置いてあるなら、帰宅後、いつも身体を横にして通らねばならない。毎日、行く手を阻むモノたちをかき分けながら、キッチンやトイレ、浴室に行くならば、よけて歩く姿勢の曲り癖が、身体には染みついてしまう。モノは、私たちの身体に偏りをつくる磁石なのである。このことを心に刻んでおこう。――おのころ心平

この文章の対として、やましたさんが綴られた文章は、

もしも、あなたの住まいが、必要のないモノであふれているとしたら、あなたは過去に縛られて生活していることになる。

もしも、あなたの住まいが、邪魔なモノでいっぱいだとしたら、あなたは今現在、閉ざされた生活を送っていることになる。

住まいが、これら余計なモノたちの棲み家と化しているのならば、あなたの未来に決して自由はやって来ないだろう。あなたの住まいは、あなた自身が主役である「自在空間」でなくてはならない。――やましたひでこ

＊　＊　＊

病むとは、やまいだれに丙《へい》と書き、丙とは、健康・食《しょく》・禄《ろく》を意味するという。甲乙丙《こうおうへい》の3番目。丙は、陰陽思想では太陽を象徴するのだそう。つまり、太陽がやまいだれに閉じ込められて、闇=病やみ。モノが多く積まれ、陽の射し込みの少ない室内環境は病みを生みやすく、そこに住む人の内側の陽気も閉じ込めてしまうということ。——おのころ心平

モノで散らかっていく家。モノにあふれかえっていく家。モノが溜め込まれていく家。そうやって、住空間は荒《すさ》み、澱《よど》んでいく。そうして、家そのものが病んでいく。モノが詰まりきった代謝のない家は哀れだ。

しかも、その代謝のない住空間に暮らし続ける自分もやがては萎えていくことだろう。家が病めば人も病み、家が元気であれば人も元気に。

人と住空間とは分かちがたいつながりがあることを、もっと気づいていく必要があるのです。——やましたひでこ

＊　＊　＊

在庫にはコストがかかる……。これは、ビジネスや経営の世界では鉄則。経営者はこの在庫の滞留が起きないよう、流れをつくり、そのためにアイデアを絞り、日夜工夫し、営業にハッパをかける。暮らしの在庫にもコスト意識が必要だということを知ろう。置いておくだけで人生経営は重たくなるという事実を知ろう。重たくなって迷路に入る前に、アイデア、工夫、そして行動を。

——おのころ心平

使わなくなってしまったモノは、結局、使うことはなく、着なくなった服は、結局、着ることはなく、読まなくなった本は、結局、読むことはない。

そして、「もしかして」と思い取って置いてあったにもかかわらず、結局、新しいモノを買ってくることが常。「もしかしてのモノ」たちは在庫の山。淡い期待をいだいても売れることはない。在庫とは負債。負債が経営を圧迫するように、「もしかしてのモノ」は、人生経営に負担を課していくのです。

——やましたひでこ

小まわりがきく暮らし

空間の癒しで、僕自身が取り入れているのは、朝オフィスに出たら、フローリングにモップをかけるというルーティンです。履く、拭く、磨くの実践は洗面台の鏡もそう、水道の蛇口もそう、流し台もそうで、フローリングもそうですが、拭こうとしてそこに石けんやら歯磨き粉やら、シャンプーやら、床置きの雑誌やら、モノがあると、つい後回しになってしまいます。

そこにモノがなければ、スムーズに履くことができるし、拭くことができるし、磨くことができる。部屋をクリーンに保ち、空間の癒しを実現するには、やはりモノと対峙し、総量規制を行うことが必要です。

捨てる習慣はなかなか難しいですが、僕が自分へのレッスンとして課しているもののひとつが、ゴミ袋は7割までになったら捨てる、ということ。えー、そんなのもったいない、と思うかもしれません。

でも、いざ朝のゴミ回収に間に合わそうと急いで、いっぱいいっぱいにしていたら、袋の結び目が小さくて閉じないなんて……そんなことでイライラしてるほうが、よっぽどもったいない、と気づいたのです。ゴミを回収してくださる回収業者の方も、きっと、パンパンのゴミ袋は持ちにくいと思うんですよね。おまけに、もしもはじけて、道路にゴミを巻き散らかすようなことになっては申し訳ない、という思いもあります。

僕は、ゴミも、仕事も、小さく少ないうちに対応すると、動きや生活の小回りがきき、機能的になり、質が上がる、ということに気づきました。モノと同じように、作業も溜めてしまわないということです。

「ゴミ袋がパンパンになるまで」が示すように、僕らはつい、ある空間をすべて埋めてしまいたくなる衝動にかられます。冷蔵庫もそう。本棚もそう。収納もそう。でも、どれも、パンパンにしちゃうと動きや適応力がなくなり、機能性が損なわれます。

腹八分目という言葉がありますが、出すときのゴミ袋は七分目。ゴミ袋をいっぱいにしないで捨てる習慣を続けて体験していると、いつしか体にもその都度対応が身について細かく対処できる能力が上がります。溜めてしまわない体になるのです。

ストレスも必要以上に溜めなくなり、その結果、便秘も解消しやすくなったり、脂肪もつきにくくなるやもしれません。

出すほうに余裕が生まれれば、入れるほうの食事でも、腹八分目が実行しやすくなります。小さく対応し、動きを増やし、空間を増やす。すると、入れるほうの総量規制もしやすい体になる……。

断捨離は、空間にも、心にも、体にも通ずる、万能健康法なのか……と思う次第です。

時間の癒し

次は、時間についてです。「時間の癒し」といったとき、あなたは何を思い浮かべますか？

ゆっくり休みをとって、旅行や温泉に行きたいなあ……。あるいは、時は金なり？タイムマネジメント？ コストパフォーマンス？ 朝活、アフターファイブ？ 仕事とは別の、余暇の時間をいかに楽しむか……？

いずれも「限られた時間」をいかに有効活用するかということに、共通点がありますね。ネットやＴＶで活躍している成田悠輔さんが、こう言っていたのを聞いて、妙に納得してしまいました。

「コスパやタイパをよくしたいなら、もう死ねばいい」

一見、投げ捨てるように聞こえますが、非常に本質的な言葉です。たしかに、命というのは基本的にめんどうくさくできています。手入れが必要で、手間ひまがかかります。

効率よくといったところで、いつも思うようには動いてくれるわけではないし、体や心は常に好と不調の波にさらされています。時計の時間は一定で、狂うことなく刻まれるかもしれませんが、私たちの命はそうはいきません。

あなたも楽しい時間は早く過ぎ、苦しい時間は長く続くと感じたことがあると思いますが、時間とは「時間感覚」という固有で延び縮みする個人の感覚でもあります。

●暦について

私たちが現行で使っている暦《こよみ》は、「グレゴリオ暦」といいます。この暦の始まりは1582年のことで、それまでは「ユリウス暦」が使われていました。ユリウス暦とは、ローマの皇帝ユリウス・カエサル（シーザー）によって制定され、紀元前45年の1月1日に始まった暦です。じつに1600年以上も使われていました。

それが1582年、ユリウス暦の10月5日（金）を、グレゴリオ暦の10月15日（金）とすることで、現在のグレゴリオ暦に切り替えられたのです。この改暦によって、10月5日～10月14日までの10日間の日付が失われました。か、かなり強引ですね……。

苦しい時間と楽しい時間

でも、同じようなことが明治期の日本にも起こっています。文明開化当時の日本には、1873年1月1日づけでグレゴリオ暦が導入されました。それまで使われていた太陰太陽暦（天保壬寅暦）からの改暦で、明治5年12月2日が新暦の1872年12月31日とされ、翌日が明治6年1月1日となったため、明治5年12月3日〜12月31日の29日間の日付が削除されたのです（驚愕ですね!!）。

グレゴリオ暦導入については意外なことに、イギリスにおいては1752年になって導入されています。宗教上の理由もあるのでしょうが、この導入によって、1760年代からおこるイギリス産業革命に、決定的なインパクトを与えたのは事実だろうと思います。

時の支配――――時代時代の支配者にとって、時間を統一し、暦を制定するというのは、政治的にとても重要なことでした。産業革命における最大の発明は、蒸気機関でも、紡績機でもなく、「懐中時計」の大量生産だったとする説があります。懐中時計を通じて「時間」を庶民に配布し、決められた時刻を行き渡らせることで、「納期」や「決済」を発達させ、「契約」と「資本主義」を促進させたというのです。

考えてみるに、イギリス・ロンドンにあるグリニッジ世界標準時。これもしょせん決め事といえば決め事です。日本の標準時は、兵庫県の明石を通る東経135度を基準にしているのですが、明石より東にある東京では、正午12時は、実際には19分早い11時41分に迎えていることになります。

こうなると、「時間」というものが本当にわからなくなるでしょう。しょせんは決め事、されど、決め事。

●時間は存在しない

さらに、最新物理学によるこんなタイトルの本があります。『時間は存在しない』(NHK出版)。

著者のカルロ・ロヴェッリ博士は、1956年生まれの理論物理学者。イタリアやアメリカの大学勤務を経て、フランスのエクス=マルセイユ大学の理論物理学研究室で、量子重力理論の研究チームを率いる学者さんで、タイム誌の「ベスト10ノンフィクション(2018年)」にも選ばれています。

博士が主導する物理学の最先端理論が、「ループ量子重力理論」なのだそうです。難解そうですね。でも、この本の目次から「ああ、そうなんだ」と直感的に響いてくるものがあります。

第一部　時間の崩壊
第一章　所変われば時間も変わる
第二章　時間には方向がない
第三章　「現在」の終わり
第四章　時間と事物は切り離せない
第五章　時間の最小単位
第二部　時間のない世界
第六章　この世界は、物ではなく出来事でできている
第七章　語法がうまく合っていない
第八章　関係としての力学
第三部　時間の源へ
第九章　時とは無知なり
第一〇章　視点

私たちは、「日が、昇って沈む」とあたりまえのようにいいますが、実際には、太陽は昇ったり、沈んだりはしていません。ずっとそこにいて、毎日同じように分け隔てない光を注ぎ続けています。

それを、受け取る側の地球のほうで自転していますので、昼と夜が生じて、朝焼けも、夕焼けも生じるのです。ちょっと想像してみましょう。地球の自転周期は1日（24時間）と決められています。ほかの惑星はどうでしょう。

・水星の自転：58・65日で一回転
・金星の自転：243・0日で一回転（太陽系で一番遅い）
・火星の自転：1・026日で一回転（地球とほぼ同じ）
・木星の自転：9・8時間で一回転（太陽系で一番早い）

・土星の自転：10・2時間で一回転
・天王星の自転：17・9時間で一回転
・海王星の自転：19・1時間で一回転

いかがでしょう。木星、土星などは巨大星だけに、自転速度もゆっくりなのかと思いきや、結構な高速で自転していますね。昼夜が、ほぼ5時間で入れ替わるような星なのです。

逆に、内惑星である水星、金星の自転は遅いです。水星の昼の長さは、29日程度、金星に至っては122日間の時間の長さが昼です。そんなに昼が長かったら熱で蒸発してしまいそうです。つまり……、太陽の光の受け取り方は惑星によってさまざまなのです。

1日の長ささえ、あたりまえのようであって、あたりまえではない。地球上の「時間」というのは、地球だけに通用する狭いルールなのかもしれません。

●松果体

松果体は眉間の奥、脳の真ん中にある小さな器官です。体内リズムを司るといわれますが、どうやって体内リズムをとるかというと、光を感知するのです。松果体は、脳の奥に埋まっているわりに、目の網膜ととっても似た構造をしています。そう、光を感じたい器官なのですね。

朝日を感じ、夕日を感じる。自然の光の量の変化が松果体を通じて体内リズムを生じさせています。具体的には、メラトニンなどの放出によってです。メラトニンがうまく分泌されないと、慢性疲労になったり、うつ病になったりしやすいそうです。

先ほども述べたように、太陽の光はいつも地球に届いていますが、地球が自転しているために昼と夜がありますね。ということはつまり、光の変化を感じる松果体は、同時に、

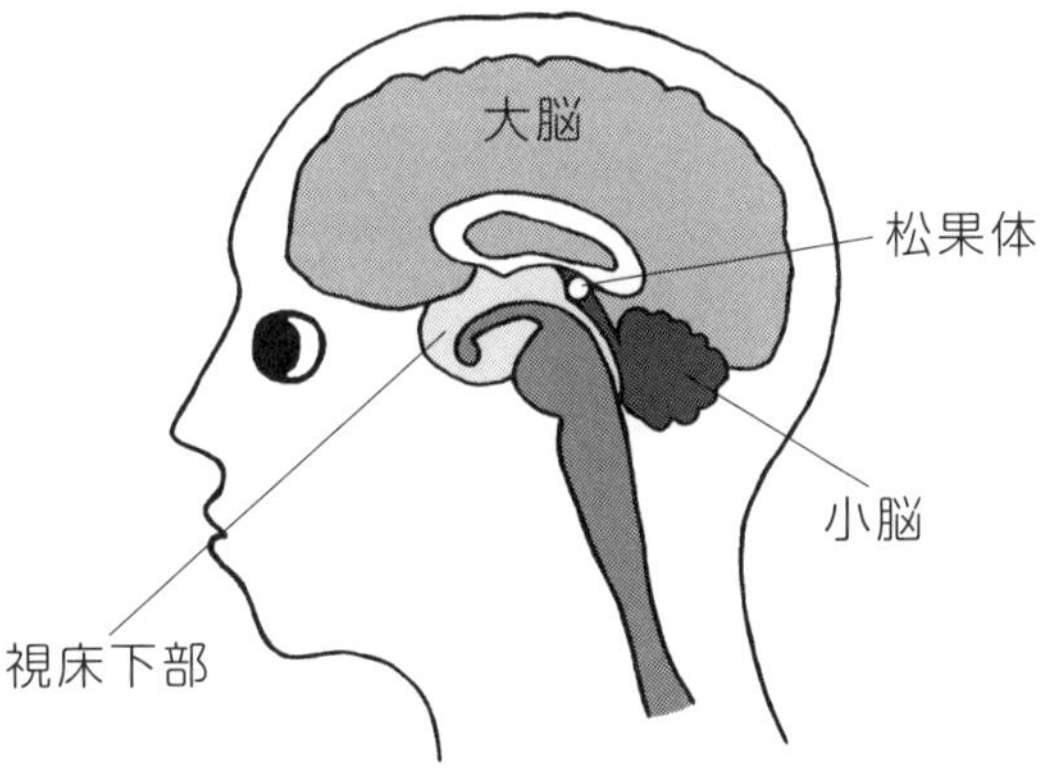

地球の回転を感じている、ということになります。

松果体の中では、光の感知とともに西から東への方向を感じ、そこから東西南北の座標軸が生じています。自然光の変化の感知によって、朝、昼、夕、夜といった時間の流れの感覚が発達します。と同時に、東西南北という方向とそれに伴う空間感覚が発達します。

時間と空間は、「時空間」という言葉があるくらいに、本来、分かちがたいものなのです。そして、その時空間の座標軸を担うのが松果体というわけです。松果体は光を感知し、それを周波数分解することで、僕らに「時間感覚」と「空間感覚」とをもたらしている可能性があるのです。

そう考えると、松果体が脳の、ちょうど、ど真ん中に位置する理由が理解できます。個々人の球体である脳の中心と、地球の自転軸の中心とがどこかで連動しているのかもしれません。

外的時間と内的時間

地球に住む限り、24時間、一応は誰にも等しく与えられた時間であるとはいうものの、人間には社会的動物としての「社会的時間（時計に管理された時間）」と、それぞれに命ある動物としての「生物的時間（呼吸数や心拍、腸のリズムやホルモンバランスなどが示す内的なリズム）」とがあります。

思い巡らせてみてください。あなたの1日のスケジュールはどのように流れていきますか？　どのくらいの割合で、時計に「支配」されているでしょう？

長年のカウンセリングで感じたことは、社会的時間（つまり会社やご主人の出勤時間や子どもの学校関係、自分以外のほかの誰かの都合）に圧迫されて、自分の呼吸、心拍のリズムがかき乱されている人が多いということです。特に女性の場合はそれが顕著で、心臓やホルモンバランスや腸のリズムにまで影響してしまいます。

時間的な癒しとは、この外的時間と内的時間とがほどよく調和している状態といえるでしょう。では、それを実現するにはどうすればいいのでしょうか？

僕はできる限り、朝日、夕陽、あるいは月光を浴びるようにしましょう、と提案しています。これは地球の回転と松果体との、チューニングという意味もありますが、地球上で生じる外的・内的時間のずれは、大いなる太陽と月にリセットしてもらうのが一番なのです。

●心臓を自分に取り戻す

さて、脳のど真ん中が松果体だとするなら、体の真ん中は心臓です。そして、心臓もまた社会的な時間ストレスに影響を強く受ける臓器です。

1日の心拍数は、平均9万回から10万回といわれていますが、個々人の心拍は毎日一定であるわけではありません。運動によっても、会議に出たり、プレゼンがあったり、誰かいやな人と会話したりする日によっても、心拍は大いに変動するでしょう。

1日のうちにできなかった持ち越しストレスも心臓には負担ですし、怒ったり、悲しんだりの心の状態も、そのままその人の心臓リズムにダイレクトに反映しています。

特に、誰かの気持ちに共感しやすい人は、自分の心臓のリズムが相手の心臓のリズムに引き込まれやすい人かもしれないと僕は考察しています。パニック障害の方やうつを患った方のカウンセリングをしていると、自分の時間や自分のリズムをすっかり何者かに明け渡してしまっていた時期があることが多いのです。

ここでぜひ知っていただきたいのは、時間的癒しとは、自分の免疫を整えるためにもとても重要だということです。自免疫疾患や強度のアレルギー体質の人にも、心臓のリズムの乱れを強く感じるからです（これは不整脈や心房細動などで捉えられるレベルよりもっと下層のかすかな不調和のようなもの……)。

免疫の中心器官である「胸腺」は、心臓の上にあります。「胸腺」とはTリンパ球を育てる免疫細胞の教育器官で、思春期までに活発に働き、大人になるにつれて働きは低下していくとされています。ただ骨髄で生まれた白血球の一部は、大人になっても必ずこの胸腺を通ってから、実際に働けるリンパ球になります。

骨髄で生まれた白血球が、なぜわざわざ胸の真ん中にある胸腺に集まる必要があるのか……? それは、先ほどもいったように胸腺が心臓の上にあるからだと思うのです。

免疫の働きとはものすごく端的にいうなら

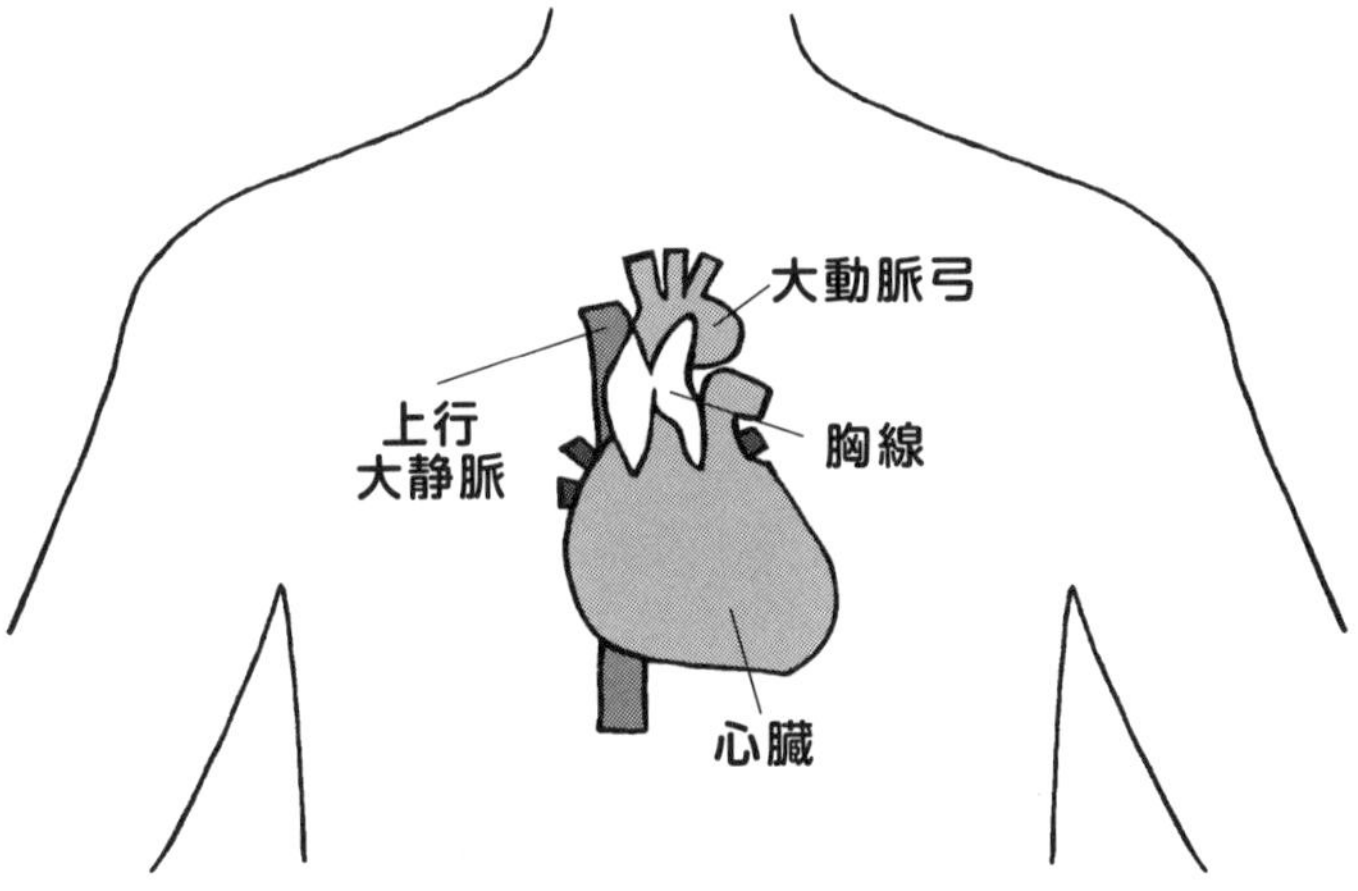

ば、「自己」と「非自己」を見分ける機能です。自分ではないものに対しては、抗体をつくってよし。そうでないものには自己抗体になってしまうので、免疫寛容を学びましょう……ということで、自己と非自己の違いを認識するために、未熟なリンパ球たちは「胸腺」に集まってきます。

けれども「非自己」を見極めるためには「自己」とは何か?を知る必要があります。ではその根拠は?

医学的定義はさておき、僕はそれが、心臓が発しているその人独自の「心拍リズム」ではないかと思うのです。胸腺はまさしく心臓の鼓動のパルスを直に感じている場所にあり、だからこそ、リンパ球はそこに集まる必要があるのです。

なぜなら心臓こそが、独自のリズムを提供することによって、他の誰でもないその人固有のパルスを37兆2000億個の細胞に伝え、体全体の調和を図っている臓器だからです。心臓のリズムこそが、あなたの内的時間をつくっている大本といっても過言ではありません。そして、そのパルスを直にまとったTリンパ球たちが、体を循環して不調和な細胞や侵入者を見分けているのです。

「自己免疫性疾患」とは、免疫が混乱してしまい、本来してはいけない自分自身を攻撃してしまう病気です。膠原病、リウマチのほか自己免疫性●●という疾患名が最近とくに増えています。

この疾患を心理的に見るならば、「自分」と「自分以外」の世界を区分けしにくい――たとえば、子ども、夫、親、お姑さんなどの問題を全部自分のこととして捉えることに通じるのではないか。そうして、もしうまくいかなかったら自分のせいだと、無意識に自分を責め、攻撃してしまうことも要因としてあるのではないか……そう思うのです。

これまでの自己免疫疾患の方々のカウンセリングを振り返ると、自分のためというよりも、家族のため、誰かのために、一生懸命生きている。私が引き受ければ、まるくおさまるなら、私が引き受ける……そんな女性がとても多いのです。

自分の時間をとり、自分を見つめるときを過ごすというのは、想像以上にあなたの体のセルフケアとなります。時間の癒しとはあなたのリズムを取り戻す、とても大切な習慣だということを、ぜひ覚えておいてほしいと思います。

PART 4

生き方の癒し

環境の癒し

オンライン化が進み、自宅で仕事ができる気軽さも増す一方、家の中では切り替えがきかないと悩む人も多いです。仕事のON／OFFは、「移動」というある意味で通過儀礼のようなものが必要だということでしょう。

体が空間を移動すると、当然のことながら目の前の光景が変わっていきます。家の玄関を出て、駅まで歩いて、電車に乗って、階段を昇り降りして、あるいはエレベーターに乗ってオフィスに着く。この道すがらの光景の変化が、徐々に心を仕事モードにしていきます。移動という行為そのものに「パーソナルスペース」を感じる人もいるでしょう。

●個と場

空間での居心地というのは、心のモードと関連します。これは「場」と表現したほうがよいかもしれませんね。職場に行けばその場に合わせた心になりますし、家に帰ればまた家庭の場のモードです。場によって心は変わるし、立場や役割も変わります。

オンライン化は、空間を縮めてはくれましたが、場を縮めてくれたわけではありません。人間はそんなに簡単に心を切り替えられるわけではない……（即座に切り替えできる人がうらやましいです）。

居心地のよい時間、空間とはつまり、場になじむかどうかだと僕は考えています。あるいは「場」によって、その人の「個」が発揮されているかどうか。それはその人の言葉を観察していればわかります。場になじんでいない人の言葉にはどこか違和感を伴うのです。言葉の癖、言い回しの癖、上ずっていたり、声のトーンが上がりすぎたり下がりすぎたり……。個と場＝言葉というのに妙に納得してしまうのです。

場の癒しとは、自分らしさが受け入れられ、かつ、発揮できている場にいるかということです。空間の癒しとは少し違う意味で、場の癒しには人間関係が含まれています。多くの人は、その「場」が要望するところによって、「ペルソナ」を被って生きています。

ペルソナとは「仮面」のことです。立場上の役割といってもいいかもしれません。ペルソナをすべて脱ぎ去って生きられる人はいません。たとえば、バスの運転手さんが「私は今日も自由」だといって、停留所を無視して道路を自由に運転されたら困るし、レストランで店員さんが注文もしていないメニューを「あなたにこれを食べてほしいから」と持ってこられても困ります。学校の先生は学校の先生、医者は医者、ネイリストはネイリスト、うまい下手はあれど、みんな期待されたとおりの仕事をしてくれるという役割へのまっとうがあるから、社会は成り立っています。

あなたも、たとえば、子どもの前では母親だし、夫の前では妻だし、親の前では娘だし、職場にいても、その役職という仮面があるでしょう。

でも、各仮面はあなたに対して「こうあるべき」という制限を加えて、あなたの本音をちょっとずつ抑圧してきます。ペルソナ率が高いと、自分の内面の心と外部に見せている言動とのギャップが起こって葛藤を感じます。それでも、その葛藤を抑えてペルソナ率の高い暮らしを続けていると、いつしか自分の本音すらわからなくなってしまいます。

人間関係社会で暮らす限り、私たちは「ペルソナ」を完全に外すことはできません。でも、ペルソナ率をなるべく下げる工夫は必要なのです。

あなたはどこかに「パーソナルスペース」を持っていますか？　パーソナルスペースとは、次のようなことをいいます。

1．自分の動作が邪魔されず自由に行える領域

2．自分の時間、自分の空間。誰にも気遣いすることなくいられる時空間

僕は、クライアントさんになるべくパーソナルスペースを確保するようおすすめしてきました。自分だけの時間、自分だけの空間を意識的に確保するのです。

空間も時間も埋めてしまいたくなる「テトリス症候群」を持つ現代人の私たちですから、これを逆手にとって、たとえば、もうスケジュール帳に、「自分メンテ」という予定を書き込んで、自分のための時間を予定化してもらうのです。

具体的にはどこか自分だけのカフェやレストランを見つけて、2時間だけでものんびり過ごしてみたり、一人映画とか一人散策もよいでしょう。日常の生活から少し離れる機会を持って、誰でもないあなた自身に戻れる時間に身を置いて日常を見つめなおしてみること。これはいま、かなり大切なセルフケア習慣になってきました。

リトリート

特に日常の中で、ぎりぎりいっぱいのペルソナに押しつぶされそうになって自分を見失いそうになったとき、家族や友人、職場の仲間も大事ではあるけど、そうした普段の人間関係や生活ルーティンを飛び出して、非日常を体験してみる……。

リトリート（Retreat）とは、もともとキリスト教の中で使われていた用語で、聖会または修養会として、いったん自然の中に退き、聖書を学び、かつ祈り、神との交りを持つことを意味していたそうです。

しかし最近では、そうした宗教用語を越えて使われています。仕事や家庭生活等の日常生活から自分を一時避難させ、自分と向き合う時間や新しい体験をする場所、また思考の切り替えを行い、「人生をよりよく再スタートする」ための出発サポート地点、という意味で使われるようになりました。

神社仏閣などのイヤシロチ、ゼロ磁場のようなパワースポットへの小旅行もリトリート、心理学のワークショップへの参加もリトリートといえるでしょう。しかしできれば、自然豊かな環境の中に一定期間、身をおいて、こまごまとした社会生活を営んでいる自分と、雄大な大自然の営みとを相対化し、自分が抱えている悩みを小さくしてしまうという方法もあります。

●自然欠乏症候群

自然の力といえば、「自然欠乏症候群」という言葉があります。2006年にリチャード・ループという専門家の先生が、『あなたの子どもには自然が足りない』（早川書房）という本の中で提唱したのがきっかけで、自然の中で過ごすことが少ない子どもたちに、次のような精神的な不安定さが現れやすいことを報告しました。

・集中力が欠如して、ひとつのことに集中できない
・落ち着きがなく、じっとしていられない
・我慢ができなくなり、わがままになる
・他人に対する気遣い、人づき合いが苦手になる

これが、カナダやドイツを始め、欧米諸国でずいぶんとクローズアップされました。日本でのこの分野での第一人者が、山本《やまもと》竜隆《たつたか》医師で、その著書『自然欠乏症候群』（ワニブックス）の中で、これは子どもたちだけではなく、以下のような大人にも起こりうるとし、原因は、「自然から遠ざかっている」ことにあると述べています。

・不眠や慢性疲労など、理由のはっきりしない「不調」に悩まされ続ける人
・健康診断を受けても異常なし、なのに体の不調がある人

・病院で訴えても、「軽度のうつ」であると診断された人

「人間は自然から遠ざかるほど、病気に近づく」という、古代ギリシャ時代のヒポクラテスの言葉があります。自然欠乏が進むと「平衡感覚が乏しくなり、転びやすい」「視野が狭く、すぐ横で起きていることや、横から迫ってくるものに気づかない」などの運動能力も劣ってきます。

確かに、自然の中を歩いていて初めて、バランス感覚は土の上や石の歩道の上で歩くということで養われているということを、改めて感じさせられます。ちょっとした小石を踏むたび、土のへこんだ部分に足をとられるたび、その反動を体の反対側で吸収し、中心軸のバランスをとる。都市部のアスファルトの上を歩いていてはなかなか感じられない感覚です。

著名な整体の先生の言葉にこんな名言があります。

「日常忘れがちな体の内側、特に内臓の状態を知り、それを整えることで、体全体の機能は大幅に改善し、さまざまな環境に適応する能力が養われる」。

そう、体の動きというのは、すなわち環境適応なのです。豊かな環境適応力こそ、健

康ということです。そう考えると、歩くという行為は、それはそれはダイナミックな環境適応行為ということができます。大自然の中をウォーキングするだけでこんなふうに自分の適応力を高めることができるわけですね。

●二拠点生活という試み

山本竜隆先生とは、もう20年くらいのおつき合いをいただいています。僕が統合医療というものをいろいろなドクターに取材をさせてもらっていた当時、山本竜隆先生にインタビューさせてもらって以来ということになります。

先生は、世界の統合医療を牽引するというアリゾナ大学の先生、アンドルー・ワイル博士のところに日本人で初めて単身飛び込み、ホリスティックプログラムを最初にマスターして帰ってこられた医師です。その後、富士山のふもとの51年間無医村だった村に診療所を構え、近隣の大自然豊かな場所に2万坪の私有地を購入されて、「富士静養園」と「日月倶楽部」という古民家を移築して立てた宿泊型リトリート施設の運営を始められたのです。これがかれこれ17年前のことです。

僕はその施設のスタート直後から、毎年1回は訪れていますので、もう故郷よりも故郷らしい場所になってしまいました。先生とコラボのセミナーをしたり、共通のメンターとともにいっしょに共著を書かせていただいたりしています。

「富士静養園」&「日月倶楽部」では、滞在型リトリートセミナーを何度も実施させていただきました。先生が誘導してくださる朝の森林散歩、富士山から昇るご来光、富士山脈から湧く湧水やほこほこの土に触れること、夜は焚火を囲んで語り合うというプログラムを組んでいます。参加者は自分を見つめ、自分の本当のやりたかったことを再確認するという、まさに環境が与えてくれる癒しを体験するのです。

ここで先生との対談を少し紹介しますね。

山本　僕は田舎に行って土地選びをするときに、見学に行ったヨーロッパの先生から、やっぱり地域にコミュニティがあるところのほうがいいよ、というのをよく言われたんですよ。最初はその意味がよくわからなかった。よく地域通貨を作ってそういう人たちが集まって村をつくるというところもあるけれども、当初はいいんだけど、10年15年経っていくと、年齢とか病気とか、経済状態とか価値観が少しずれてきて、うまくいかないケースが多い。それに対して元からあるもの、何百年も続いている。そこに少しずつ変わっていくほうが負荷が少ないんですよ。

おのころ　なるほど、本当に歴史を積み重ねたところということですね。

山本　そうすると、その長い歴史の中でこういうことがあったとか、ここは危険だよとか、ここはこういう作物がこの時期はいいとか、もう本当に長年の……。

おのころ　知恵が積み重なっているわけですね。

山本　それを1世代でそれをクリアするのはやはりたいへんですね。

おのころ　エコヴィレッジだとか、そういったいろいろ試みがありますけれども、集積された知恵にはなかなかかなわないということですかね。

山本　そうです。日本というのは幸い、自然豊かだし、それぞれの地域にそれぞれの村があって、伝統的なものが残っているわけですね。それを生かさないことはないなと思います。

おのころ　そういったコミュニティのことを学ぶというか、地域地域の個性を学んでいくということも体験できると人生の幅が広がりますね。都市部だけじゃなくて2拠点生活というのは、新しい生活のデザインのようで、そういった意味でリトリートの今後の役割って大きいですよね。

山本　そう思います。いいきっかけにしていただければなと思いますね。

（経営科学出版企画対談）

二拠点を生きるということも、これは、環境の癒しにおいて大事な効用だと思います。ひとつの場所にいるとそれだけ視点が限られてしまいますから。

伝統的療法の治療家メンターから、昔こう学んだことを思い出しました。

・カウンセラーやセラピストこそは、自然のリズムを体内に維持し、それをもって自然と都市生活との架け橋的な存在となるべき。

・都市生活に疲れたクライアントさんのアース（避雷針）となるべく、自身は時折、旅をし、大自然に分け入り、土に足を埋め、パワースポットやゼロ磁場に身をゆだね、浄化と大自然からのチューニングを行い、その身をもって、人が自然の一部であることを縁ある人に伝えるべし。

いずれこうしたセラピストさん達といっしょに「リトリート・セラピスト・プロジェクト」を、日本で推進できたらなと構想しています。

経済的な癒し

僕は、心理系セラピストという仕事を独自のやり方で30年間、継続してきたということで、どのように事業設計し、どのように維持してこられたのか？というような質問を受けることがあります。つまり、「セラピスト事業設計」についてですね。「いやあ、好きなことをやって、それを一生懸命続けてきただけですよ」なんてカッコいいことを言いたいところですが、実際にはだいぶ苦労してきました。

セラピストの事業設計は、そのセラピーがなんなのかにもよりますが、まずは「自分一人前」の暮らしを成り立たせるには？を目標に考えたほうがよいと思います。

独立開業型にも、以下のようなグラデーションがあります。

◀

①主婦セラピスト（子育て家庭両立、生活費はだんなさんか親か）

②週末セラピスト（ウィークデーや日中は会社員）

▶ ③専業セラピスト（収入源がセラピスト業、主に個人セッションや個人トリートメント）

▶ ④講座・教育（個人セッションと併用で教育講座も開催）

▶ ⑤セラピスト事業経営者（セラピストを雇ったり、フランチャイズ的に展開して経営）

セラピストさんには勉強家が多いですから、あなたが①か②から始めるなら、まずはこれまで1年間を振り返って、自分が講座、セミナー、本、資料など自分の知識やスキルアップに使った金額の総計を明らかにしてみることです。

その際、かかった交通費や宿泊費もちゃんと足すこと。1年間の総計が出たら、12で割ってみます。すると1か月の自分へ投資した金額がわかります。

まずは、それを当面の月別の売り上げ目標にシミュレーションしてみましょう。たとえば、その目標が10万円だとしたら、自分のセッションで何人の人をみれば、その金額に到達するかを考えてみます。

セッション単価が1万円なら、月に10人見れば到達です。単価が2万円なら5人です。

逆に1か月の受け入れ人数から計算することもできるでしょう。50人できるなら単価は2000円で済みます。25人なら単価4000円ですね。4000円のセッションを月に25人実施するとなったら、毎日およそ一人くらいのペースです。でも、セッションの枠を用意したら、その枠にすぐにお客さんが来てくれるなんてことはまずないので、ここからが、よくあるSNSマーケティングなどの勉強というわけですね。

でも、僕がここでいいたいことは、まずは「自分を成り立たせる」ことへのチャレンジです。自分が使った分を、自分で売り上げる。はじめは先ほどもいったように、自分が好きで学んだ講座代などからスタートし、そこから徐々に自分の生活費、食費、服代など。サロンを構えられるようになったら、賃貸料や事務所の諸経費が入ってきますね。

最初は、だんなさんや親、会社の給料から補填していた生活費を徐々に自分でカバーしていくのです。そうやってまず自分を成り立たせてみるというのが、セラピストにとっては、経済的癒しの始まりです。

うちの従業員さんからこんなことを言われてすごく驚いたことがあります。「自分で仕事をしてお給料をもらって、それを自分で使えるというのは、癒しですね」。

この人はずっと専業主婦で、一度も社会で働いたことがありませんでした。二人の子育ては立派にやり遂げ、有名大学にも送り出したので、そこには自信と誇りを持っていましたが、自分で自分に使うお金については、いつもご主人にどこかで気を使っていたというのです。

自分の技能が、ちゃんとお客さんに評価を受けて、その対価としてお金をいただける。その自己肯定のエネルギーをしっかり受け取ること。これはあたりまえのようで、なかなか見過ごされがちなポイントです。自分が満たされてからでないと、人は真の意味で他者を癒すことはできません。

●小欲から大欲へ

「「密教では、欲を否定しません。子供の運動会や発表会に行ったら、自分の子供のことを真っ先に応援するでしょう。それが自然だと思いますし、人間の本質です。しかしながら、自分だけのことにとどまらず、友人のことも、お隣さんのことも、自分が働いている会社や自分の住んでいる街のことも、そして、自分の国のことも、さらには、世界人類のことも大切にしていこう、という考え方を「大欲を持つ」と言います。」——

（『心を洗う断捨離と空海』永田良一著　かざひの文庫）

こう述べられる永田良一先生は、医師にして、東証一部上場の㈱新日本科学CEO（最高経営責任者）。従業員2000人以上の会社のトップ。アメリカ、中国をはじめ、世界中に8つの事業所を展開されている大経営者です。

お医者さんとしては、がんの最先端治療施設、総工費200億円以上をかけて建設した「メディポリス国際陽子線治療センター」の財団理事長。僕がお会いしたのは、その陽子線治療施設を見学に行ったときです。

施設もすごかったのですが、永田先生の人物があまりに大きすぎて男惚れしてしまいました。永田先生は、内閣府委員や大学客員教授なども務め、企業経営者として女性が輝く先進企業表彰「内閣総理大臣表彰」を受けたり、幼児英才教育の学園長をやったり、ウナギの培養研究をやったり、釣り好きだったり（ご自身は本業は釣りだとおっしゃる。笑）、さまざまな顔を持つ人なのです。

驚くのは、真言密教の総本山、高野山大学大学院文学研究科で密教学修士号を持ち、自らも密教大僧都として教鞭をとっている方ということです。さらに、仏教のつながりでは幸せの国ブータンに毎年貢献し、日本との間の名誉総領事をつとめ、ブータン国王来日の際は、その接待を取り仕切っています。

まあ、人一人の人生で、これだけのことをやってのけていいのか？というくらいの超人なのですが、何度かうちで主催するセミナーの講師にお招きしたりして、懇意にしていただいております。最近は、講演の腕もメキメキ上がって漫談家のように会場を笑いの渦に巻き込まれるので、セミナー講師としても太刀打ちできなくなりました。

僕の知り合い（というとおこがましい限りですが）の中では、最高のお金持ちだと思います。ただ先生に接していると「お金持ち」という概念が変わります。

「僕はねえ、借金が多いだけなんだよ」。

永田先生級になると個人名義でも何十億円も調達ができます（会社ではどれくらいなのでしょう）。このレベルでは、お金は目的ではないのです。まさに先生の著書の中で述べられているとおり、「大欲」なのです。大欲の渦の中に取引先もお客様も、そして銀行も巻き込んでいくのです。収支の＋－《プラスマイナス》ではなくて、大欲によってどれくらいの規模のお金を「動かせる」のかということ。もちろん事業ですから、綿密な計画をもとに組織経営はなされます。しかし、先生の目線でいえば、お金は動かすもので、決して動かされるものではありません。

先生の、大欲のためにはまず小欲から出発しなければならないという示唆さは、まさに本質です。まず自分の欲をまっすぐ見つめ、それを満たすことから始める。そうして家族、友人、知人を満たしていき、みんなを巻き込んでその欲をどんどん大きくしていくのです。

もし、あなたがセラピストなら、自分から発せられる癒しの渦にお客さんを巻き込んでいくという心構えが必要でしょう。より大きい渦を起こすには、それに伴うお金を動かす力が必要になります。お金を侮ってはいけません。丁寧な計画を通してお金を扱ってあげなければなりません。けれどもその前提に、あなたの欲が大欲にふさわしいかをいつも問い続ける姿勢が、経済的な癒しを呼ぶのです。

●体に教えてもらう経済の癒しの未来

私たちの体は37兆2000億個の細胞で成り立っているといわれています。その細胞たちは、それぞれ一様の姿かたちではなく、その働きも、多種多様で多岐にわたっています。細胞がおのおの「専門性」を発揮し、分業している様子は、まるで人間社会のようです。

人間社会においても「専門性」と「分業」は、一人が生活のすべてをやらなくても、自分の得意とする仕事だけをして成り立つ社会のしくみを作り出しました。それが「お金」を介した対価交換システム社会です。

お金は、その人の得意な仕事同士を交換し、便利で効率的な世の中をつくりました。そして文明社会の発展をスピード化し、多種多様なサービスを生み出しました。その意味で私たち現代社会を送る者は、「お金というしくみ」の恩恵を多分に受けています。

農業に従事しなくても、建築に従事しなくても、車をつくることに従事しなくても、最低限のインフラを享受できる……そんなすごいしくみを、人類は、お金を通じてつくったのです。

しかし、分業、分業、また分業、その素晴らしさが浸透するうち、私たちは、分業による分野を越えて、全体性を見る力を失いつつあるのかもしれません。分業は、専門性、集中、交感神経の促進をし、体の中に競争と緊張を生みます。

だから、専門性が進めば進むほど交感神経過剰の状態を体につくり、それは血液配分のアンバランスを生じさせます。ある部分に血液が多く行き（うっ血）、ある部分は少ない（貧血）……これは、現代社会においても富の偏り、つまり、お金持ちにお金がさらに集まり、貧困はさらに貧困に、という図式に合致します。

僕は、さまざまな症例のクライアントさんの体を見てきて、これから大きく、社会も体も変わっていくような予感があります。それは、「全体」を象徴する「免疫疾患」が増えていること。さまざまなＳＮＳでつながり、ネット上のすべての情報がクラウド化していこうとしていることに表れています。

社会も、体も「分業」から「全体」に向かっているように思うのです。そんな社会が進展していくとしたら、はたしていままでどおりの経済システム（お金の在り方）は適応できるのだろうか……。

分業を促進する貨幣システムではなく、たとえばｉＰＳ細胞のような根幹の細胞に戻るきっかけを与えるような、いまだ誰も想像できない新たな貨幣（社会）システムって、これからできていくのかもしれないと思うのです。

それはいったい、どんな未来なんでしょう？　思い描けたらいつか書いてみたいと思っています。

情報社会における癒し

昨今、各種のアプリが生活の便利さを決定し、個人の仕事もＳＮＳをどう駆使できるかに大きく左右されています。たとえ癒しに関する優れたコンテンツや技能を持っていたとしても、ネット上でのマーケティングができていないと、そのサービスはこの世にないも同じ、なんていわれる状況になっています。

僕のメンター世代の伝統的な治療家の先生などは、そんな情報社会には目もくれず、あえてわざわざ情報発信などはしません。昔ながらの「口コミ」でお客さんの信頼をつなぎ、子や孫の世代にわたって健康を預かりながら、ご自身のキャパを決して越えることなく仕事を続けている人もいます。

しかしながら、どんどん入れ替わるＳＮＳやＡＩなどのサービス。ちょっと調べてみてもこんなにあるんですね。

SNS サービス

X、LINE、Instagram、Facebook、mixi、
LinkedIn、note、Tumblr、Mastdon（マストドン）、
Skype、WhatsApp、Discord、Pinterest、
Snapchat、pixiv、Youtube、TikTok、SHOWROOM、
17Live（イチナナ）、Liveme、Pococha、Voicy、Clubhouse…
若い世代には、Threads（スレッズ）、
Bluesky（ブルースカイ）、BeReal（ビーリアル）……

AI、会話型サービス

ChatGPT、Bing、Perplexity AI、Google Bard、
ChatSonic、Notion AI、LLaMA、Claude2、SmartRobot、
YouChat、AI チャットくん……

特定の用途に特化した AI サービスのいろいろ

会話タイプ	自然な会話をシミュレートする
要約タイプ	文章の重要なポイントを抽出して簡潔にまとめる
記事作成タイプ	指定されたテーマやキーワードに基づいて文章を作成する
画像生成タイプ	指示された内容に基づいてユニークな画像を生成する
動画生成タイプ	テキストや画像から新しい動画を作成する
音楽生成タイプ	独自の楽曲を自動で作曲する
コード生成タイプ	プログラミングコードの作成を支援する
その他	スケジュール管理や３Ｄモデルの作成など

セラピストの方でこれらを使いこなせている人は稀です。逆にいっそのこと、これらSNSやAIの使い方に特化して、「SNSやAI活用エージェントセラピー」というセラピストの在り方もありなのではないかと思うくらいです。

もともとアナログ志向のセラピストの方には、情報テック系への苦手意識の強い人が多いです。そしてその中には、「全部をわからないと……」いう完全主義の方もいますが、全部をわかっている人なんていうのもこの世にいません。

その人のセラピストスタイルや生活スタイルに合わせた範囲でのアプリの活用、SNSの活用、AIの活用を設計して差し上げるというテックデザイン系セラピスト。あるいは、世のアナログ派の女性たちへのアプリ活用エージェントセラピー。

これはこれだけ進んだ情報社会においては、じゅうぶん「サービス」になり得ると思います。

●感覚の進化

人類の世界を捉える「感覚」というのは、現代人と、たとえば800年前の人とではめちゃくちゃ違うと思うのです。800年前といえば、日本では平安時代ですが、陰陽《おんみょう》りますが、民俗学に出てくる妖怪とか百鬼夜行とか、そういう別次元《じ》に、本当に、ちらりとアクセスできていた時代だったのではないかと思うことがあります。

僕は仕事柄、昔の東洋医学の文献やインド哲学の文献を目にする機会があるのですが、たとえば、昔の「気の教科書」にのっている「経絡」の図もインドの伝統医学に出てくる「ナーディ」の絵も、誰がこんなに詳しく書いたのか？といぶかしく思っているのです（168ページ）。こんなに書けるということは、これは昔の人が実際に見えていたものを書き写したのではないかと思うのです。

その後、中世、近世と時代が進むにつれて近代に至ると、感覚の使い方が変わっていって、まず視覚の領域が狭まってだんだん見えないものが多くなり、聴覚も、聞こえる範囲が狭まり、またいわゆるシックスセンス（霊感）も弱まっていきます。

その代わりに、文字や数字を発達させて普及させ、それまでと違った脳の情報処理能力を加速し、現代ではもうデジタル信号への親和性が限りなく高まって、800年前といまとでは、脳が構成する世界の捉え方が大きく変わったのだと思うのです。

800年前どころかもう30年前とも微妙に違うでしょう。

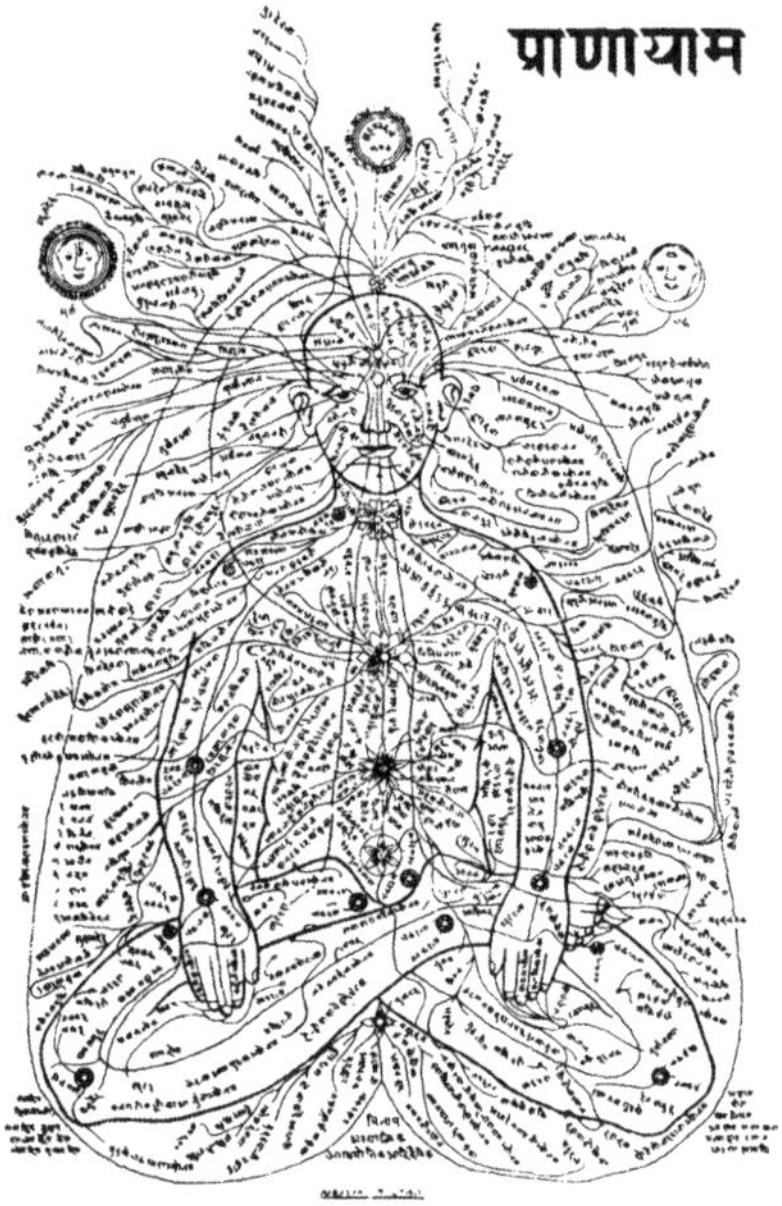
प्राणायाम

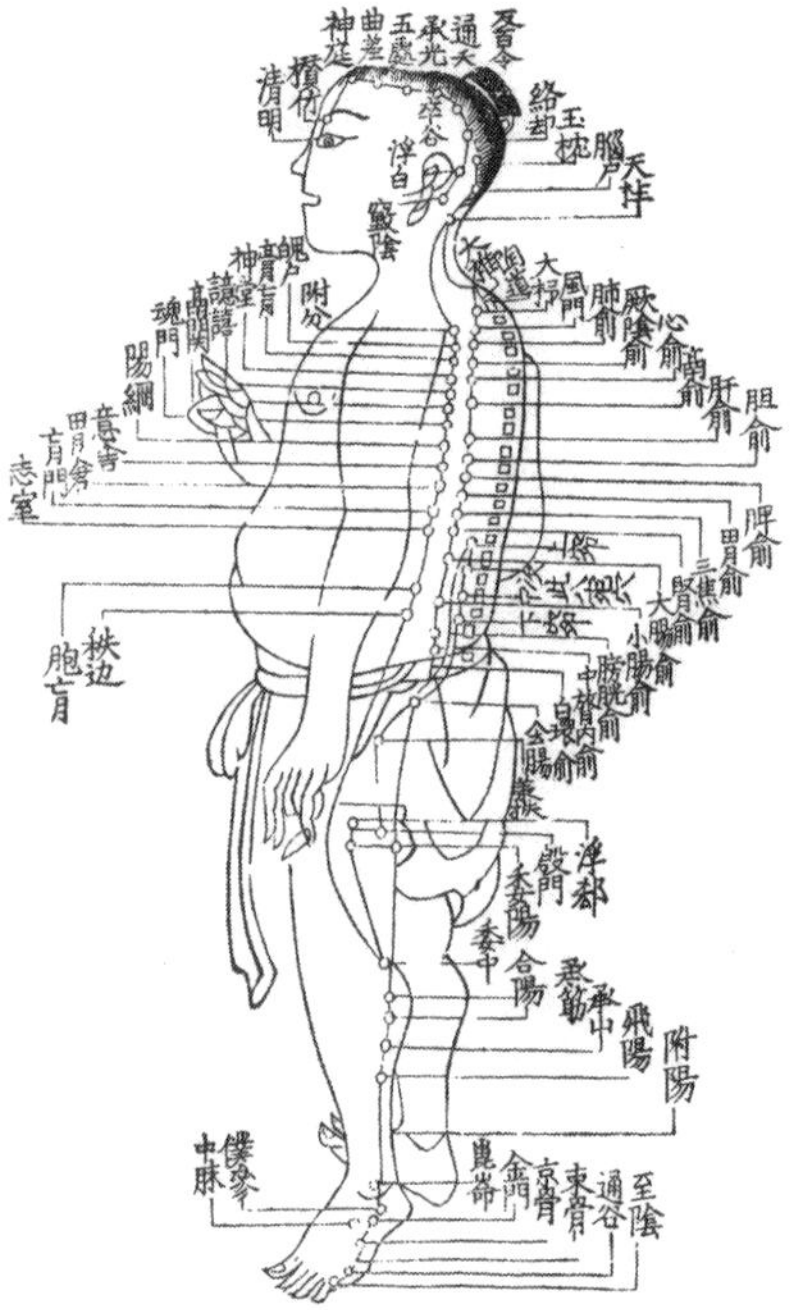

かつて、ノストラダムスの大予言というのがありましたが、「恐怖の大魔王」なんて、まったく降ってこなかった。でも、1999年ごろから、携帯電話の普及率が爆発的に広がったそうです。恐怖の大魔王ならぬ、通信革命が空から降ってきた。そういう意味では、あの予言は的中したのかもしれない。たしかに現代人にとってはスマートフォンなどのない生活ってイメージできなくなっています。

長い時間をかけて少しずつ、時間感覚も、色彩も、見えるもの、聞こえる範囲も変わってきたとすると、物理的には同じような空間に存在していながら、世界はまったく違ったものになってきているのかもしれません。

●情報社会の外にも身を置いてみる

そして、それが極まった現代の情報社会では、情報による囲い込みが起こりやすく、どの「情報村」に属するかによって、ものの見方に大きな差が生まれてしまいます。「エコーチェンバー現象」という言葉をご存知でしょうか？

私たちはいま、ネット上で検索したり、選択したりしてきた情報をもとに、各ユーザーに最適化された広告やコンテンツが表示されるようなインターネットフィルターの中にいます。何かのワードを打ち込もうとすると、過去の履歴が予測されて、その人が一番見たいであろうページを表示してくれます。こうして私たちは毎日、自分が関心を持っている、あるいは自分が信じたい情報に囲まれているということになります。

エコーチェンバー現象とは、自分と同類の意見があらゆる方向から返ってくる「エコー室」のようなコミュニティ内で、同じような意見を見続け、聞き続けることによって、自分のものの見方が強化されていくことを指します。自分が信じたい情報を信じ、自分の意見を「正しい」と信じ込むことは、自分とは異なる考え方や意見を排除することにもつながっていきます。異なる意見を持つ者同士のコミュニケーションが成立せず、コミュニティ間で「対話の断絶」が生まれてしまうのです。

排他的にならざるを得ないエコーチェンバーの情報村の中では、いつしか序列が生まれ、さらに情報と資本とが結びつきやすいいまの経済社会では、情報や知識に触れている人のほうが上位に位置するという階層＝「ヒエラルキー」のようなものが生まれやすくなります。

そういうとき、僕は思い出すのです。それは古代インドの精神文化、ヨーガの思想です。

インド精神は2つの面があり、「ヴェーダ」と「ヨーガ」で表されます。ヴェーダとは伝統的身分秩序―バラモン、クシャトリヤ、ヴァイシヤ、シュードラの4つの階層から構成されるヒエラルキーの頂点に位置し、社会で支配的地位を勝ち得ているバラモン階級やバラモン中心主義的価値体系です。そして、もう一方に、社会構造や身分秩序を度外視したところに成立しているヨーガ行者やヨーガ的価値世界があります。

フランスの哲学者マッソン＝ウルセルは、歴史におけるヨーガの最も古い痕跡を、紀元前6世紀頃に発生した「仏教」や「ジャイナ教」の生活規律にたどり、それがのちのヒンドゥー教に受け継がれたと考察しています。仏教やジャイナ教はバラモン中心の体制や身分秩序を否定する反バラモン的な思想宗教運動であったとされています。そしてヨーガは、起源と本質においてヴェーダや身分制のようなバラモン教的な規範とは一線を画していると喝破したのです。

「ヨーガは、ヴェーダにもカーストにも関心がない。ヴェーダは知識ではあるが、ヨーガは知恵である……」

情報社会に無関心でよいわけではありませんが、決してヒエラルキーに取り込まれることなく、時にそこからひょいと抜け出して、解放された大海に癒しの知恵を見つけながら自由に生きる。それが「癒しの生き方」なのかもしれません。

PART 5

あなたの中の4人のセラピスト

4つのエレメント

さて、もしもあなたの中にセラピストがいるとしたら、以下のどのセラピストがふさわしいでしょうか。想像してみてください。

①火のセラピスト
②大地のセラピスト
③風のセラピスト
④水のセラピスト

「火のセラピスト」から何をイメージしますか？　僕はときどきリトリート施設に行って、焚火を囲んだり、暖炉の薪《たきぎ》を眺めていたりすると、なんとなく変性意識状態（※1）になって、直観力が湧いてくることがあります。

形あるものを壊し、新陳代謝を促す力を持つ火は、過去を手放し、未来に生きる力を

※1変性意識状態　目は覚めているのに、日常とは違う意識の状態でいること。超集中の状態やゾーンといわれる状態も含む。

授けてくれる力の象徴です。火のセラピストとは、インスピレーションとアイデアで新世界を切り開くようなセラピストでしょう。

「大地のセラピスト」は、自然からの恩恵を想像しますね。森や山の中で五感を開き、都市生活の中で閉じてしまったり、ゆがんでしまった感覚を浄化し、本来の力を取り戻すようなイメージです。

身土不二《しんどふじ》という言葉があります。これは、体と住んでいる土地とは切っても切り離せない関係にあるという意味で、生まれた土地のものを食べることが、体によいということを指しています。土は土壌やそこに住む微生物を指します。

この考え方を体そのもので解釈するなら、私たちの肉体の中では、腸内細菌たちが生きた土にあたるでしょう。五感と腸内環境を蘇らせるのが大地のセラピストの役割です。

占星術の世界では、２０２０年末に起こった土星と木星のグレートコンジャンクション（大接近）から「風の時代」に突入したといわれています。そして、２０２４年の11月20日に冥王星が水瓶座に入ったことから、本格的な「風の時代」が始まったとされています。

「風のセラピスト」は、まさにこの風の時代のセラピスト。風の性質とは、風自体は物理的に存在するのではなく、触媒のように相手に作用してその存在に気づくという特徴があります。動きや流れが本質で、家においては換気、人間関係においても風通しのよい状態をつくっていくのが風の役割です。動きの中で、あちこちの人をつなげ、分野を横断させて情報をもたらし、淀んだ空気や行き詰まった状況を打開するきっかけを与えるのが「風のセラピスト」といえるでしょう。

「水のセラピスト」からは、潤いと浄化をイメージします。水はとても不思議な物質で「万物の溶解」と呼ばれるほど、モノを溶かしていく力を持っています。

水はどんな器にも形を変えてその器に合わせ、水蒸気や氷といった姿にも形を変えて状況適応していきます。相手の状況に合わせて溶かしていく力を持つ「水のセラピスト」とは、相手に染み入るような共感力をもって、相手の課題を内側から氷解させていくようなセラピストです。

以上、火・地・風・水の４つのエレメントは、古代ギリシャに始まった「宇宙は４つの元素から構成されている」という宇宙観からきたものです。この四大元素説は、哲学者アリストテレス（B・C・384－B・C・322）の強い影響力も相まって、哲学、神学、錬金術、科学、医学などにも影響を与え、ローマ帝国、イスラーム世界、18～19世紀頃までのヨーロッパで、長らく支持された世界観でした。

中世スイスの医師であり錬金術師であったパラケラスス（1493－1541）は、この四元素説を下敷きにして、著書『妖精の書』の中で「4つの精霊」を提唱しています。いまはすっかり失われてしまったこの世界観ですが、僕はセラピーの世界にはまだ息づいていると感じています。次節より、この世界観をもとに、各種セラピーをまとめてみましょう。

火のセラピスト

火	ignis
機能	直感（自分軸）。
傾向	刺激。インスピレーション。情熱性、エネルギッシュ、感化、スタート、熱意。
体への作用	温めたり、熱くしたり、燃焼したりするエネルギーの要素。体温、熱暑、衰退、消化。
守護神	インド神話の火神にはアグニ神（イグニス）がいます。また火の女神といえば、古代ハワイの「ペレ」が有名です。
精霊	四大精霊のうち、火を司る精霊・妖精が「サラマンダー」です。そのほか、不死鳥（フェニックス）もいます。

焚火　暖炉　日光浴

光線療法　温熱療法

カラーセラピー　色彩療法

宝石療法　オーラソーマ

花療法

アロマセラピー

旅

遊び　アクティビティ

チャネリング　リーディング

インスピレーション

もし火がなければ、生命も光もなく、この世は闇ですね。パラケラススの提唱した火の精霊「サラマンダー」は、火を司る精霊・妖精で、手に乗るくらいの小さなドラゴンのような姿をしており、燃える炎の中や溶岩の中に住んでいます。高い知性を持ち、情熱を刺激し、勇気や理想や目標を与えてくれます。霊感やインスピレーションを与える働きがあります。

そしてまたサラマンダーは、魂を生まれ変わらせてくれる働きも持っています。これは、輪廻転生の力であると同時に、生きているうちは体の新陳代謝を促進し、若さを維持させる力となります。

あらゆる精霊や妖精の中で、最も出会いにくいのが火の精だといわれますが、サラマンダーは「心からの遊び」を好みます。炎、強烈な感情、創造的な行為に引き寄せられますが、サラマンダーは、遊び心に最も反応するのです。「遊び」は不可能を可能にする精神なのです。

「火のセラピスト」は、このサラマンダーを内側に秘め、クライアントに世の中の楽しさを思い出させるセラピストといえるでしょう。あなたが、いつでも遊び心に火を灯し続けているならば、そして情熱や感動、インスパイアされるような体験を大切に失わないならば、あなたの内側には火のセラピストがいます。
クライアントに勇気やチャレンジ精神を思い出させ、この世への存在価値を教えます。そのキーワードは「遊び心」。誰よりも遊ぶことを楽しみ、自然と戯れるようにつき合える人です。

花と火

花火に感動したことのある人は多いでしょう。夜空にパッと咲き、そしてパッと散っていく。花と火は、一瞬咲いて、すぐに散っていくという共通点があります。しかしどちらも、見たものにインスピレーションを与え、心に感動を刻みます。

花のセラピーは、火のセラピーだと僕は考えています。アロマセラピーは、人にインスピレーションを与えつつ、癒しをもたらすセラピーといえます。

ある本に、こんな文章を見つけました。

「1億1400万年前のある朝、夜が明けてまもないころ、昇る朝日を受けて一輪の花がぽっかりと開く。地球という星の最初の花だ。すでに何百万年か前から地球には植物が茂っていたが、この最初の開花は、植物という生命体の画期的な進化と変容を告げる出来事だった。（中略）それからだいぶたって、私たちが花と呼ぶ香り高く繊細な存在は、他の種の意識の進化に欠かすことのできない役割を担いだす。人類はますます花にひきつけられ、魅せられる。人類の意識が進化するなかで、実用的な目的をもたない、つまり生存と結びつかないのに、高く評価された最初の対象は、きっと花だったに違いない」

実用的な目的をもたないのに、高く評価された最初の対象……。花の本質をとてもうまく表現しているなぁと思いました。この本の著者は、神秘学者でアメリカでは絶大なる人気を誇るスピリチュアリスト、エックハルト・トールです。この方が書いた新しい地球の時代『ニューアース』（サンマーク出版）という本の最初の冒頭の出だしに書かれている文章です。ちょっと引きつけられました。

花こそが、私たちの霊的な進化と意識の進化をもたらしてきた……。確かに花は、なんのためにあんなに鮮やかなのだろうと思います。色鮮やかで、そして香り高き存在。私たち人類が誕生するはるか以前から、私たちの意識の進化を持っていたかのように、花はそこに存在していました。

すごく素敵だなと思います。花が人類の感性を育て、また人類が花の存在意義を高めた……。花と人間は、それほど尊い関係にあるということです。

太陽と火の精

さて、火のセラピストの内側に住む火の精は太陽光にのってやってきます。雲の切れ間から陽の光が射すとき、あなたはサラマンダーの姿をかいま見るかもしれません。古代エジプトや古代ギリシャ、ローマでも、「太陽光の癒し」についてさまざまにチャレンジした人たちがいます。

古代エジプト人は太陽神ラーがいますからね。太陽神ラーを崇拝し、日光浴や日光療法を盛んに行っていたという記録が残っていて、エジプトで王をファラオ＝太陽の子と呼ぶのも、太陽の恩恵をよく知っていたということの表れです。

古代ギリシャの医聖ヒポクラテスは、「太陽光と熱は、すべての創傷、殊に解放性骨折、破傷風などに効果がある」といい、日光療法を医療の現場に取り入れ、古代ローマの博物学者ブリニーは、「太陽は良薬である」といって痛風、リウマチ、皮膚病などの治療に日光浴を応用しました。現代では、紫外線が皮膚がんなどのリスクを上げるという話もあったりしますが、それでもやはり、それを上回る「太陽の癒し」というのが古代には信じられていました。

いまでも、うつ病などは朝日を浴びながら散歩すると随分と効果を示すという話があるように、日光とともに私たちは進化してきているので、いまも昔も太陽には多大なる恩恵を被っています。歴史家であり、太陽療法の父であるヘロドトスも、「日光浴は健康を回復したい人には欠くことができない」と記しており、日光浴を推奨していた記録が残っています。

紀元前150年頃のギリシアの外科医アンチロスは、「いかなる患者もなるべく日光にあたるようにすべきである」と記しています。

色と火の精

西暦元年頃、セルサスという人物が多種多様な花を使って、黒、緑、赤、白の膏薬を処方しました。彼の治療は、色を意識して行われていたといわれています。色彩療法の始まりですね。

赤の膏薬は切り傷を急速に癒し、黄色はアヤメ油を使ったサフランの膏薬を頭に塗ると眠りを誘い、心を鎮静させることを発見しています。ここに記録が残っているということは、色を意識した治療法は、もう2000年以上も前に始まっていたということですね。中世ヨーロッパにいたっては、日光浴によらない色彩療法として、太陽と切り離してさまざまな色の布を使った方法が試されました。

ほかにも色彩媒体として「宝石」や「着色ガラス」を用いて色と光を利用した治療法の記録が残っているそうです。これが教会のステンドグラスにも応用されているわけですね。教会のステンドグラスの赤、赤紫、緑、黄の透過色が病人を治すと考えられ、その色光の効用は、祈りと音楽（音響療法）で高められたと、当時のスコラ哲学の中に説明があります。

近代でのカラーヒーリングの先駆者は、エドウィン・D・バビット（1028－1905）という人です。代表作『光と色の原理』は1878年に出版されました。赤色は血液の循環を促し、青色は血液の流れを沈静させ、オレンジ色と黄色は神経を刺激すると分類しました。そして、色を使った治療のためのさまざまな装置を考案したともいわれています。

そして、独特な世界観をもっている色彩療法といえばオーラソーマ。イギリスの薬剤師でリフレクソロジーの治療師だったヴィッキー・ウォール（1918－1991）が創始したセラピーです。自分で選択するカラーボトルの色を通して、自分の奥底に秘められたものに気づき、肉体、感情、精神、魂のすべてのレベルでバランスを取り戻し、くつろぎと気づきをもたらすためのカラーシステムです。

アロマセラピスト、カラーセラピスト。温熱療法や光線療法も火のセラピーに分類します。また、直観力とインスピレーションによってクライアントの人生の光をもたらすチャネラーや霊能系セラピストも、火のセラピストといえるでしょう。

大地のセラピスト

地	terra
機能	実感・感覚（自分軸）。
傾向	安心感。経験、納得、目に見える、実績、努力、計画。自分軸。
体への作用	固体の構成要素で、硬性、持続性、耐久性などの性質。髪、毛、爪、皮膚、筋肉、腱、筋膜、骨、骨髄、歯、心臓、肺、肝臓、脾臓、腎臓、胃、腸、新しい食物、古い食物（排泄物）、脳・脊髄。
守護神	大地の女神にはローマ神話では「テラ」、ギリシャ神話では「ガイア」がいます。
精霊	四大精霊のうち、大地を司る精霊は「ノーム」「ピクシー」。

タッチセラピー
アロマ・ボディ・トリートメント
リンパマッサージ
リンパドレナージュ
スウェディッシュ
タイ古式マッサージ
バリニーズ
リフレクソロジー
薬膳
食事療法
身土不二
マクロビオティック
ハーブ療法
ストーンセラピー
フィトセラピー
土地の磁場
森林セラピー
シンクロニシティ
リトリート

木の精、花の精、石の精、洞窟の精が「地の精霊」です。童話や民話の中で登場する妖精たちは、だいたいが地の精霊です。日本の八百万の神に似て、万物に宿るアミニズム思想があります。

地の精霊には「ノーム」や「ピクシー」がいます。ノームは主に地中で生活しており、身長12センチほどの小人で長いひげを生やした老人のような風貌をしているそうです。自然の美が花開くのも、ノームがひとつひとつの岩や鉱石、花に特徴を与えるおかげなのだそう。いっぽうピクシーは、イングランドのコーンウォールなどの民間伝承に登場する妖精の一種です。スコットランドの作家ジェームス・マシュー・バリーの小説『ピーター・パンとウェンディ』に登場する妖精ティンカー・ベルは、フェアリーではなくピクシーなのだそうです。

ノームやピクシーは地球に生き、自然に生きることのシンプルな喜びを教えてくれます。また物事のタイミングを調整し、必要な人にはシンクロニシティを起こします。

地の精霊たちとのつながりを十分持っていないと、気持ちが上滑りし、なんだか無力感にさいなまれます。人は精神性と肉体性を持って生きている存在ですが、まさに肉体感覚を呼び起こし、地に足をつけてくれるのが地の精霊たちの働きなのです。

「大地のセラピスト」とは、ノームやピクシーを内側に秘め、クライアントに、シンプルな喜びを思い出させるセラピストといえるでしょう。また自然の中で季節の移り変わりを敏感にキャッチできる五感の清らかさを持っています。

あなたが自然に分け入る勇気と季節の移り変わりに心を開く感度を持っているならば、あなたの内側には大地のセラピストがいます。大地のセラピストの感度は、人の体に触れるタッチセラピーやマッサージにも生かされるでしょう。季節の移り変わりによる人体の変化に、しっかり気づくことができるからです。

「地」と肉体

『旧約聖書』の「創世記」の天地創造には、

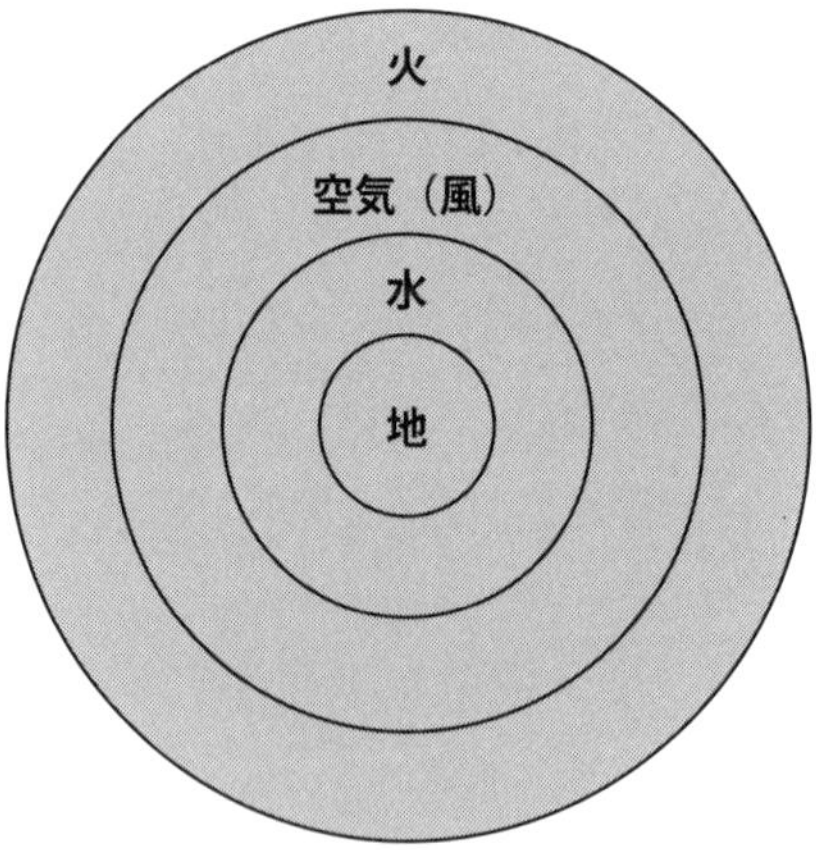

アダムは神「ヤハウェ」によって「土の人型」に鼻からルーアッハを吹き込まれた、という記述があります。肉体＝土＝地。たしかに、地球上の元素が寄り集まって、私たちの肉体は構成されています。

その「地」は、絶対的な重さを持つ元素です。ほかの元素の中心、したがってあらゆる存在の中心に位置します。

「地」は、物をかたく、安定的に永続するものにし、外形を維持しようと働きます。私たちの体に対しても、固定化させ、コンパクトな形にまとめようと作用します。

シュタイナー教育で有名なルドルフ・シュタイナー（1861－1925）は、人間の本質を存在様式の違う４つの構成要素から成り立っているものと捉えました。４つの構成要素とは、肉体（物質体）／エーテル体（生命体）／アストラル体／自我です。

・肉体は、「物質レベル」のみの存在であり、その意味で鉱物界と共通の存在
・植物は「物質体とエーテル体」からなる存在
・動物は「物質体とエーテル体とアストラル体」からなる存在

・そして人間は、さらに「自我」があって、それは人間を他の存在と明確に分けるもの

シュタイナーは、宇宙を構成するものを、熱、気体、液体、固体（火、風、水、地）の四元素に分けて表現しました。これらの要素は人間の４つの構成要素とも特定の対応関係にあります。

・肉体は「地」を、
・エーテル体は「水」を、
・アストラル体は「気体＝風」を、
・自我は「熱＝火」をそれぞれの活動の基盤としています。

大地のセラピストは、人が大地とつな

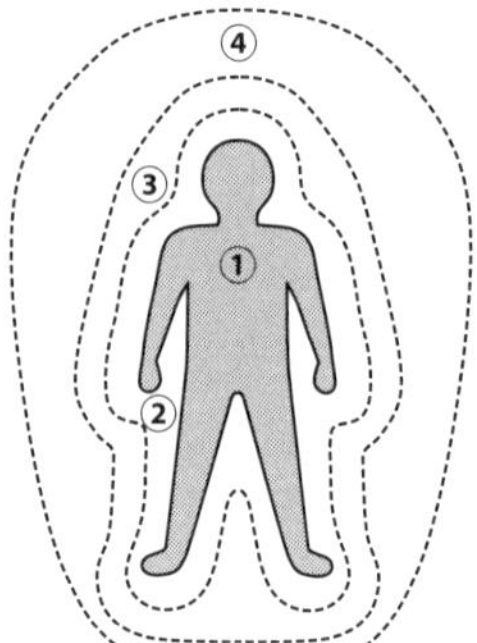

① 肉体
② エーテル体
③ アストラル体
④ 自我

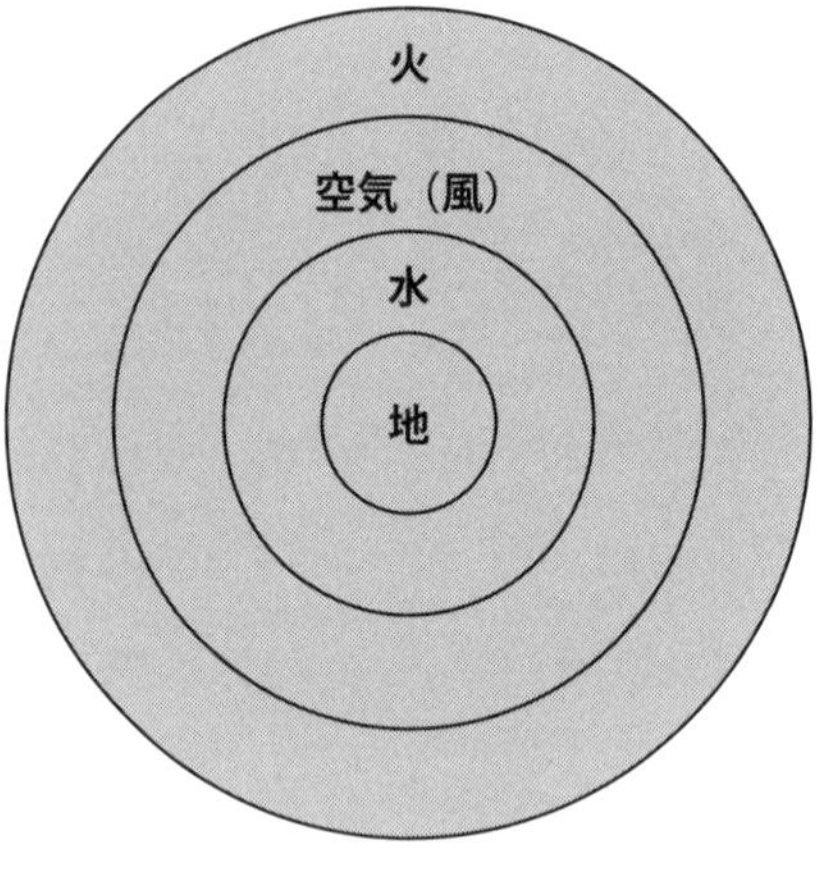

がった肉体的存在であることを思い出させるセラピストです。

身土不二・地産地消

身土不二とは、「身と土、二つにあらず」、つまり人間の体と人間が暮らす土地は一体で、切っても切れない関係にあるという意味の言葉です。食養生の思想として「その土地のものを食べ、生活するのがよい」という意味で使われています。

また、地産《ちさん》地消《ちしょう》は、地域生産・地域消費の略語で、地域で生産されたさまざまな生産物や資源（主に農産物や水産物）をその地域で消費することをいいます。

園芸療法

草花や野菜などの園芸植物と土、身のまわりにある自然との関わりを通して、心の健康、体の健康、社会生活での健康の回復を図る療法といえます。その中で腸内環境を整える方法のひとつとして「土いじり」が医学的に有効であるとの発表もあります。土壌に生息する腐生性細菌 Mycobacterium vaccae 菌に、抗炎症、免疫調節、抗ストレス作用が確認されたとのことでした。

クレイセラピー

クレイとは粘土鉱物のことで、ミネラル成分が豊富に含まれています。含まれるミネラルとその比率、状態によってクレイの色合いは変わります。クレイセラピーはフランスなどでは古くからエステ、医療現場で用いられており、化粧品の原料としてパック剤、入浴剤、クレンジングミルク、化粧水、シャンプー、石鹸、歯磨粉などがつくられています。

肉体＝「地」という発想で見るならば、タッチセラピーやマッサージは基本的に「地のセラピー」ということになります。アロマ・ボディ・トリートメント、リンパマッサージ、スウェディッシュ、バリニーズ、タイ古式マッサージ、リフレクソロジーを行う人は、「地のセラピスト」といえるでしょう。

さらに、肉体をつくる食べ物に関する食事療法、マクロビオティック、薬膳やハーブ療法もなどもまさに「大地」からのセラピーです。また、大地は土と鉱石とで構成されます。岩や石にはその土地の歴史を紡いできた癒しの効果があります。ストーンセラピーにも地のセラピーの性質が含まれています。

そして、最も地の癒しの恩恵を受けるのは、直接、土地の磁場を感じに実際に足を運ぶこと。それを案内する森林セラピストも「大地のセラピスト」です。

風のセラピスト

風	air
機能	理性・思考（自分軸）。
傾向	自由。社交性、適応、適度な距離、素直、柔軟性、クール。
体への作用	体内のエネルギーの運行、循環システムの要素。体内を上昇する風、体内を下降する風、腸の中の風、腸の外の風、体内全体の風、呼吸の風。
守護神	風の神様といえば風神。また古代インドには、風神ヴァーユがいます。日常の風を司り、アーリア人最古層に属する神様です。バラモン教の神としてヴァーユは仏教にも採り入れられ、「風天様」の起源にもなりました。
精霊	空気と風の精霊は「シルフ」。

呼吸法
気功
カラーセラピー
音響療法
レイキ
ティンシャ
スピリチュアルヒーリング
シンギングリン
声
歌
笑い療法
クリスタルボウル
言葉セラピー
ボディワーク
ヨガ
各種の健康体操

Airは「風」とも「空気」とも訳されます。前節の地の項でも書いたように、『旧約聖書』の「創世記」の天地創造には、アダムは神「ヤハウェ」によって「土の人型」に鼻からルーアッハを吹き込まれた、とあります。このルーアッハこそ空気＝風です。

スピリットとはラテン語で「呼吸」という意味ですが、空気は私たちが息をするごとに体に命を吹きこみ、体の内外を行ったり来たりします。四大元素における空気とは思考、コミュニケーション、アイデア、動作と関わりがあります。動作は空気に変化を起こし、風を生じさせます。

パラケラススによると、空気の精霊の総称は「シルフ」です。機敏で賢く、自由で予測不能な行動をとる妖精です。「シルフ」は、人間が覚醒し、自由になり、本当の意味で「考える」ことを促します。それはいまの社会で重要視されるような事実を積み上げて知識の体系を築くという思考とはちょっと違います。知恵といったほうがよいですね。シルフは、啓示と新しいものの見方とそして「笑い」を届けてくれます。空気とは思考であると同時に理解です。考えたことや理解したことはすべて空気に流れ出し、周囲の大気を微細に変化させています。私たちはそうした空気に取り囲まれ、毎秒、命を与えられていることになります。

「風（空気）のセラピスト」は、シルフを内側に秘め、接する人に、精神の自由と視点の変化、そして、物事の本質を理解する力を思い出させるセラピストといえるでしょう。

空気は姿が見えません。しかし、電波も、光も、音も、空気を伝播して伝わります。触媒のように自分は存在感を示しませんが、相手には心地よい変容をもたらすセラピスト。一か所に定住せず、さまざまな場所に顔を出しては、こちらの空気をあちらに持っていくような淀んだ空気を入れ替える存在。

風のセラピストは、いつでもこだわりを手放すことができます。笑いとユーモアを忘れず、精神がより自由であることが大切です。

動きが風をつくる

「地」のセラピーに、タッチセラピーやマッサージが入るなら、「風」のセラピーには、各種ボディワークが入ります。ＰＡＲＴ2で紹介したアレクサンダー・テクニーク、ロルフィング、フェルデンクライス・メソッド、自彊術、操体法、真向法、野口体操ほか、自分で体の動きをつくるという意味では、ヨーガもピラティスも太極拳も風のセラピーになります。体をタッチするのが地のセラピー、体に動きを生じさせるのが風のセラピーです。

呼吸法

スピリットとはラテン語で「呼吸」という意味と書きましたが、呼吸法はまさしく「風のセラピー」です。

日本には、明治・大正にかけて三大呼吸法なるものが存在していました。藤田霊斎《ふじたれいさい》（１８６８年－１９５７年）による「調和道丹田呼吸法」、岡田虎二郎《おかだとらじろう》（１８７２年－１９２０年）による「岡田式静座法」、二木謙三《ふたきけんぞう》（１８７３年－１９６６年）による「二木式腹式呼吸法」です。現代まで続く数々の呼吸法は、これら三大呼吸法のどれかの影響を受けたものになっています。

気の癒し

そして目に見えない「気」こそ、風のセラピーの本丸といえるでしょう。「気」という言葉は私たちの日常生活でよく使われています。気がつく、気を許す、気が利く、気が気でない……これらは心理状態を表しますが、一方で気分が悪い、病気といった体の状態に関わる言葉でもあります。

日本では明治以降、空気とか電気とか磁気とか景気とか、西洋文明の用語がたくさん入ってきたときに、当て字として「気」を使って単語を生んだという背景があります。しかし、元をたどれば、自然界で生じるすべての現象は「気」の働きによって成り立つという考え方が、すでに浸透していたということです。

古代の中国では、磁石の作用のようなもの、あるいは目に見えない細菌の作用のものから、すべての目に見えないものの、なんらかの効果を引き出す現象は、すべて「気」によるものとされてきました。中国医学では物質として目に見える肉体よりも、目に見えない「気」のほうを循環するネットワークとして重要視しています。

これはいうなれば「一元論の医学」で、あるレベルで気が凝集した形が臓器になるという連続性の中で体を捉えるという発想です。だから目に見えるか見えないかという分け隔てがあるわけではなくて、すべてを気として、その密度の違いというように考えるのです。

「気」を実際にセラピーで使うということでは、「気功」が知られています。ただその意味する範囲は広く、気功はまず、「静功」と「動功」の2つに大別されます。動功はさらに「内気功」と「外気功」に分けられて、内気功は自分自身で訓練を行うことで気の働きによって内在する自然治癒力を活性化させる方法です。

一方、外気功は訓練をつんだ気功師が自分の体から発する気の働きによってクライアントに治療を施すことです。外気功は、もとは武術から医療に応用されるようになったものですが、中国ではこれが医療の一環として制度上公認されています。

ヒーリング

気功との関連でいえば、西洋にはヒーリングの歴史があります。ヒーリングは歴史に記録される遥か以前の時代から全世界で行われてきたと考えられていてピレネー山脈の洞窟には1万5000年前に描かれたヒーリングの絵が残され，エジプトやバビロニアでも洞窟に彫られたヒーリングの光景が残されています。

初期のキリスト教聖職者にとっても手かざし療法は説教や秘蹟《ひせき》と同じ仕事の一部とされており、初期の教会では手かざしは普通に行われていました。近代に入って、スピリチュアル・ヒーリングにおいて重要な役割を担った人物にイギリスのハリー・エドワーズ（1893年－1976年）がいます。第二次大戦後の1947年、彼は治療院を開き、スピリチュアル・ヒーリングの啓蒙に努め、54年には彼の働きによってNFSH（英国スピリチュアルヒーラー連盟）が設立されました。

スピリチュアル・ヒーリングや手かざしは宗教的な出発点を持ちますが、heal＝「癒し」というのは、もともとは自動詞で「癒ゆ（いゆ）」という言葉の派生語なのだそうです。つまり、自分で自動的に「癒ゆ」もの、すなわち自然治癒力を指しているわけです。それが現在進行形で行われているのがheal＋ingで「ヒーリング」。そして、それに立ち会うのがヒーラーですね。ここに癒しの本質が垣間見られます。

ヒーラーが癒しを起こしているわけではなく、癒しそのものはすでにその人本人に内在された「癒ゆ力」として起こっている……それをサポートして拡大したり、促進したりするのがヒーラーの役割ということですね。まさに「風作用」のセラピーです。

アメリカにおいてヒーリングは、ドロレス・クリーガーとドラ・クンツによる「セラピューティック・タッチ」、ロザリン・L・ブリエールのハンズオンヒーリング、バーバラ・アン・ブレナンによるブレナン式ヒーリング、ジャネット・メントゲンによるヒーリング・タッチ、ヴァイアナ・スタイバルによるシータヒーリングなどが有名です。ちなみに、レイキヒーリングは、大正時代の日本で発祥したものが、アメリカにわたり隆盛し、日本に逆輸入されたものです。

声と空気

さらに空気は、言葉の力を振動にして伝えます。音が空気を伝導することで、空気の中にコミュニケーションが生まれます。心理カウンセラーにとって、声は非常に重要です。同じ言葉を使っても声の強弱や高低によって、クライアントに伝わる印象はまるで変わってきます。空気には言葉にのせた心の振動も伝える力があります。ヴォイスヒーリングや歌も、風のセラピーといえるでしょう。

音の癒し

世界には、その存在を知るだけで楽しくなるさまざまな楽器がありますが、人類が最初に音を楽しんだのは、棒で打ったり、振ったり、楽器を打ち合わせて音を出す打楽器でしょう。元来、さまざまな「音」は、時に祭りに、神事に、治療に使われていました。ティンシャ、シンギングリン、クリスタルボウルが奏でる倍音は、細胞に染みこんでくるような振動で癒しを起こします。また鈴や鐘、太鼓や笛などは古くから人間の精神活動とともにあったといえるでしょう。

音は虫や獣や魔物を追い払って命を守る盾であり、同時に神社では神さまにお越しいただく合図でもありました。目に見えないところに周波数を送る、テレパシー的な意味があったのだと思います。

風のセラピスト

目に見えない風のセラピーの範囲は広く、動きをつくるボディワークから始まり、呼吸法、気功、ヒーリング、声、楽器、音まで含みます。共通項は「空気の振動」。空気は振動を伝え、共鳴を起こします。共鳴こそが癒しを引き起こします。一方通行でもなく力ずくでもないというところに生じるのが風のセラピーの大きな特徴です。

風の時代に入り、さまざまなセラピーの在り方も大きく変わってきましたが、これからの時代のヒントは「共鳴」にあります。言葉も、情報も、単にマスメディアで伝達するというのではなく、どのように誰に伝えるかで意味が変わってきます。

風の精霊シルフは、啓示と新しいものの見方と笑いを届けると書きました。風のセラピストは、世界に興味と関心とを持ち続け、軽やかに行動し、この世界を楽しみ、面白がって、誰よりも笑いを見つける感度に長けた人といえるでしょう。

水のセラピスト

水	aqua
機能	感情（他者軸）。
傾向	癒し。コミュニケーション。関係性、同化、交流、密着、融合。
体への作用	液体の構成要素で浸透性、流動性、物質流動させる媒体としの性質。涙、唾液、鼻水、胆汁、痰、リンパ液、血液、汗、脂肪、脂肪、関節液、尿。
守護神	水の神といえば、「龍神」がいます。架空の存在である「龍」が、世界中に伝説を残しているには僕らの深層意識層と関係があります。
精霊	水の精霊は「ウンディーネ」。

アクアセラピー　**海洋セラピー**

水中ウォーキング　**水泳**

フロートスパ　**温泉療法**

禊《みそぎ》　**滝行**

アイソレーションタンク

フラワーエッセンス

ホメオパシー

サイコセラピー（深層心理）

ヒプノセラピー（前世療法）

エンパス（霊界）　**魔法・魔術**

「水」が癒しになるというのは、直感的によく理解できます。川のせせらぎや海辺の波の音に癒されることは多いですし、滝行などは浄化のシンボルのようなもの。禊《みそぎ》とは罪や穢《けが》れを落とし、自らを清らかにすることを目的とした神道における水浴行為のことです。水には、まっさらに清らかにしてくれるイメージがあります。

そもそも、水なしに生命は誕生しなかったでしょうし、いまも地球に多くの生命が生きていられるのは水のおかげです。水は命の源。癒しの本質は水とともにあるでしょう。

水の精霊の総称は「ウンディーネ」と呼ばれます。水の精霊が運んでくるのは、個々人の性格、習癖、贈り物、物語、受け継がれた伝統などです。童話や伝説に登場するマーメード、セイレーン、ローレライもウンディーネです。

水の精霊は、人の感情、無意識の願望、抑圧された恐怖などに関連しています。海や水が怖いという人が一定数いますが、これは人の底知れぬ深層心理と結びついているためかもしれません。現代社会では合理主義や論理主義が優位とされるため、私たちは感情を過小評価し、抑圧してしまいがちです。それを解き放つために水の精霊は働きます。

その意味で、水のセラピーとして第一にあげられるのが、心を扱う心理カウンセリングでしょう。サイコセラピスト（心理系セラピスト）には、水の要素が必要です。

水は万物の溶剤と呼ばれるほど、さまざまなものを溶かす力を持っています。生物が誕生した海の水には、1リットルあたり約35グラムの物質が溶けています。水には人の凝り固まった心も、溶かしていく作用があります。

サイコセラピストには、水のように人の心を深くまで浸透して理解し、受け止め、なおかつ溶解し、浄化していく力が必要でしょう。パート1で扱った深層心理学のユングや共感・傾聴を重んじたカール・ロジャーズなどは、まさに水、もっといえば、「深海のセラピスト」といえます。

水は常識を覆す

水はとても不思議な物質です。ほとんどの物質は温度が高くなるほど体積が大きくなり、温度が低いほど体積は小さくなりますが、水は約4℃で最も体積が小さくなり、その後は逆に体積が大きくなっていくのです。0度で水が氷になると、1割近くも体積が大きくなるので、同じ体積では氷のほうが軽くなり、氷は水に浮くのです。

また一般の原子同士は60度、90度といったような規則的な角度で結びついて分子をつくりますが、水の分子をつくる2つの水素原子は酸素原子を真ん中に相手に対しておよそ１０４．５度の角度で結びつきます。

この角度が、ほかにはない水の特異性を生み出しているともいえます。ちなみに、水分子のシルエットを見ながら僕が想像するのがミッキーマウスです。

ディズニーが世界を席捲《せっけん》できたのは、僕らが水の親和性をミッキーのシルエットに感じているからではないか？なんて妄想していますが、妄想も含めた「想像力」も、水の精霊がもたらす力のひとつです。ディズニーが扱う物語が、世界中の童話や伝説であることも無関係ではないかもしれませんね。

水のセラピーと魔法

水は温まりにくく、冷めにくいという性質

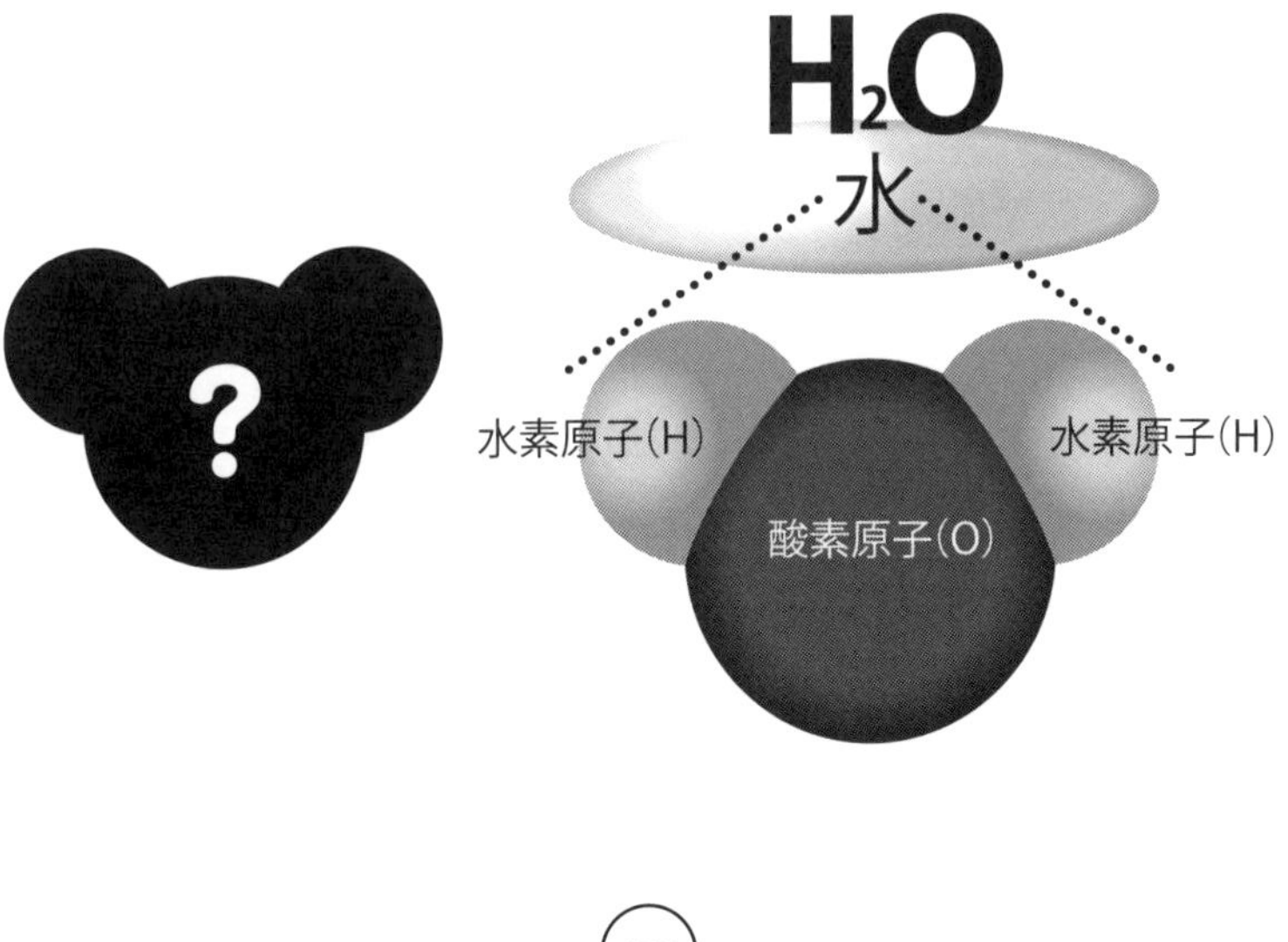

を持っています。同じ量の物質の温度を1度上げるために必要なエネルギー量を比べると、液体の中では、水が一番大きい値を持っています。

この特性により、地表の70パーセントを覆っている大量の海の水が、夏はゆっくり温まり、冬に熱を放出しながら温度を下げていくといったふうに、昼と夜、夏と冬の暑さ寒さの差を吸収し、地球を私たちの住みやすい環境に保ってくれているのです。いわば地球は水によって魔法にかけられているようなものです。

魔法といえば、女性には多かれ少なかれ、「魔女遺伝子」というものが存在するのではないかと僕は考えています。そしてそれは、セラピスト・マインドのある重要な部分を形成していると思っています。

あなたの心の中には、魔女もいるし、聖女もいるという表裏一体。陰と陽、そういったものをどういうふうに統合していくか。心の闇＝シャドウを見据える力ですね。これはすなわち、闇を見る力があって初めて光を見ることができるということです。これはもう男女関係なく、人類のテーマかもしれません。

日本で最も有名な魔女といえば、「魔女の宅急便」のキキかもしれません。スタジオジブリの作品には、ほかにも「借りぐらしのアリエッティ」や「思い出のマーニー」「メアリと魔女の花」など、少女と魔女をモチーフに、その少女が大人になっていくために自分の「内側の力」とどう向き合って、困難を乗り越えていくかというイメージあります。女性の内側の力が、魔法の力にたとえて描かれているわけですね。

世界的には、「ハリー・ポッター」が圧倒的に有名ですね。ワーナー・ブラザースの『ハリー・ポッター』(Harry Potter) シリーズ。J・K・ローリング (J. K. Rowling) の同名小説（１９９７年）を原作とする映画シリーズですが、第1作『ハリーポッターと賢者の石』（２００１年）からスタートして第8作の『ハリー・ポッターと死の秘宝 PART2』（２０１１年）まで。さらにはスピンオフ作品として、『ファンタスティック・ビースト』に受け継がれています。

２００1年、つまり21世紀に入ってすぐに、このハリー・ポッターが大ヒットしました。さらに「ロード・オブ・ザ・リング」や、「ナルニア国物語」といった映画のヒットが続いた背景には、なんとなく私たちの心の奥底に眠るファンタジーへの憧れというか、逆にいえば、あまりにも現代社会が科学主義的で、エビデンス重視で、理性的すぎるということに対する反発があったかもしれないなと思います。

ファンタジーの心を失わずにいこうという気持ちが、魔法使いの物語の中に投影されているのではないかと思うのです。文学作品や芸術作品といったものは想像力から生まれるので、それも投影してファンタジーの世界というのは、今後も重要視されていくと思います。

水の記憶

ディズニー映画「アナと雪の女王2」をご覧になった方には、水の記憶について語られるシーンがふんだんに登場することを覚えている人も多いでしょう。水の記憶について科学的なところでは、2013年10月、ブルガリアの首都ソフィアに世界中の水の研究者が集まり、「水の物理学、化学、生物学会議」が開催されました。その会議の中心議題は「水の持つ記憶作用」でした。

ただ「水が記憶媒体」であるという科学的な研究は、まだまだ主流ではありません。水の謎がすべて解明できた暁には、生命の理解、体の理解、病気の理解、心の理解も大きく進んで、私たちの住む世界の常識が大きく変わっているかもしれません。いまの時代においては、水はまだまだ「非常識」を象徴するにとどまっています。

アクアセラピー

水のセラピーには、水そのものの浄化作用を活かしたアクアセラピーや海洋セラピーなどがあります。水に浸かることで、人は交感神経から副交感神経へとスライドチェンジしやすいので、温泉療法なども水のセラピーといえるでしょう。フロートスパやアイソレーションタンクと呼ばれる水中タンクは、無重力と瞑想効果を体験できる水のセラピーです。

水のセラピストには、少し魔法使いのような資質が必要です。深層心理や集合無意識を扱うサイコセラピスト、前世療法を担うヒプノセラピスト、霊界に出入りするエンパスなどには、善悪を容易にジャッジしない心のバランス力と、黒魔術、白魔術の合わせ鏡をどちらも引き受ける、清濁併せ呑むような強じんな精神力が必要になります。

その意味で水のセラピストが活躍するには、まだまだ時代が早すぎるかもしれません。水のセラピーは、水そのものがまだ完全理解されない現代にあっては非科学的で非常識な分野になることが多いからです（まるで魔女扱いですね）。

しかしながら、この非常識さこそが水のセラピーの強みでもあります。人は社会的な常識の中で悩み、社会的な正しさという束縛の中で自分を見失うことがあります。

こういうとき、「非常識な視点」こそが、癒しになることがあります。前世療法や輪廻転生は、科学では決して証明できませんが、クライアント本人の心にとっては大切な物語です。

意味のある物語である限り、それは本人には癒しの作用を持ちえます。また自然界の鉱物や植物、花などを水に希釈することで水の記憶力を用いるホメオパシーやフラワーエッセンスは、水の全貌が解明されない限り、これも現代科学では説明できないセラピーでしょう。ただ、その試みは次代へとつなぐ癒しの懸け橋になります。

水のセラピストは、未来のセラピストです。水のセラピーは深層心理や物質界を越えた目に見えない世界を追求し、それがゆえに社会にパラダイムシフトを求めていきます。社会常識にとらわれることなく、未来から答えを引っ張って来られる人。それが水のセラピストの真骨頂といえるでしょう。

あらためて、風の時代とは？

前節まで、火・地・風・水のそれぞれのセラピーの資質を、精霊の比喩などを用いながら俯瞰してきましたが、四大元素説は占星術の世界にも浸透しています。中世ヨーロッパにおいては出生時の星の配置が体質を支配し、人体（小宇宙）は天（大宇宙）と対応するという占星医学（星辰医学）が関連づけられ、診断・治療に利用されていたのです。

そこで、この項ではあらためて占星術の世界でいわれるところの、「風の時代」の意味について解説したいと思います。黄道12星座は、四区分で性格分けができ、火、地、風、水というのが3回繰り返し、現れます。

牡羊座……火
牡牛座……地
双子座……風
蟹座……水

獅子座……火
乙女座……地
天秤座……風
蠍座……水
射手座……火
山羊座……地
水瓶座……風
魚座……水

この火、地、風、水のエレメントは次のような性格を持ちます。

・**火**（FIRE）の星座は、創造性があり、情熱、興奮、理想を開拓する
・**地**（EARTH）の星座は、計画性があり、堅実、努力、信頼、着実、達成する
・**風**（AIR）の星座は、フットワークがあり、社交性、情報通、知性、出会いをつくる
・**水**（WATER）の星座は、受容力があり、感情的、情緒的、共感をつくる

12年で太陽のまわりを1周する木星と、29・5年で太陽を1周する土星は、約20年に一度、同じ星座で会合します。400年以上前からの周期を、214ページに表にまとめました。

向こう200年ほど、ほぼ風の星座のもとでのグレートコンジャンクションが続いてゆくのです。

これを称して「風の時代」といいますが、年代を俯瞰してみるとやはり、おおごとですよね。1800年代初頭に起きた火の時代から地の時代への移行と同じほどの衝撃が、いま、起こっているというわけです。とにかく否応なく、時代と世界が大きく変貌していることは、もうかなり実感を伴っていますね。

そしてここへきて、冥王星の動きも、風の時代を後押ししています。冥王星は太陽系の端に位置する星で、2006年には国際天文学連合の定義によって、惑星ではなく準惑星と認定されてしまいました。ただ、占星術世界における冥王星の作用は健在で、太陽、月、水星、金星、火星、木星、土星、天王星、海王星、冥王星と10天体の一角に数えられています。冥王星が太陽のまわりを1周する公転周期は247・8年とたいへん長く、

1603年12月18日	射手座	【火】
1623年07月17日	獅子座	【火】
1643年02月25日	魚　座	【水】
1663年10月17日	射手座	【火】
1682年10月24日	獅子座	【火】
1683年02月09日	獅子座	【火】
1683年05月18日	獅子座	【火】
1702年05月22日	牡羊座	【火】
1723年01月06日	射手座	【火】
1742年05月19日	牡羊座	【火】
1782年11月05日	射手座	【火】
1802年07月18日	乙女座	【地】
1821年07月20日	牡羊座	【火】
1842年01月26日	山羊座	【地】
1861年10月21日	乙女座	【地】
1881年04月18日	牡牛座	【地】
1901年11月29日	山羊座	【地】
1921年09月10日	乙女座	【地】
1940年08月08日	牡牛座	【地】
1940年10月20日	牡牛座	【地】
1941年02月15日	牡牛座	【地】
1961年02月19日	山羊座	【地】
1981年07月24日	天秤座	【風】
2000年05月29日	牡牛座	【地】
2020年12月22日	水瓶座	【風】
（現在）		
2040年10月31日	天秤座	【風】
2060年04月08日	双子座	【風】
2080年05月15日	水瓶座	【風】
2100年09月19日	天秤座	【風】
2119年07月16日	双子座	【風】
2140年01月15日	水瓶座	【風】
2159年12月21日	蠍　座	【水】
2179年05月28日	双子座	【風】
2199年04月08日	水瓶座	【風】
2219年11月01日	蠍　座	【水】

1950年04月28日　獅子座　【火】

▼

1956年10月20日　乙女座　【地】

▼

1971年10月05日　天秤座　【風】

▼

1984年08月28日　蠍　座　【水】

▼

1995年01月17日　射手座　【火】

▼

2008年01月26日　山羊座　【地】

▼

2024年11月20日　水瓶座　【風】

▼　←いまココ

2044年01月19日　魚座　【水】

それゆえ12星座のうち、ひとつの星座に滞在する期間もとても長いのです（地球の場合は、1年で1周しますから1星座滞在期間は1か月）。

冥王星の星座の滞在期間を（惑星逆行の期間の出入りがありますが）大まかにさかのぼって見てみると、215ページのようになります。

2024年11月20日から2044年1月19日のおよそ20年間、「風の星座」の代表である水瓶座に滞在するのです。この20年間は、これまでとは、比べものにならないくらいに風の時代の性質が促進するといわれています。

あなたのエレメントを調べよう

これから20年間のうちにますます強化される「風の時代」にあって、あなたはどのように生活スタイルを整えていきますか？

あなたらしさの表現、そして、セラピーの取り入れ方……生活環境が大きく変わってしまっていくので、あなたの個性の発揮の仕方も大きく変えていかざるを得ません。

風の時代の特徴は、次のとおりです。

・一か所に縛り付けられない自由な時代。
・流れがあり、動きがあり、多種多様。
・個性と独自性がクローズアップされる。
・クール、かつ優雅。
・スナフキン的なコミュニケーションの時代。

・テクノロジーが人間関係を別の次元へと運ぶ。
・めまぐるしい。
・少しドライにいないと、自分が全部を引き受けてしまうことに。
・人間関係や日常世活とのバウンダリー（境界線）が大事になる。

こうした舞台にあなたの人生をどのようにデザインしていくか？　先ほど、星座にも4つのエレメントが働くといいましたが、あなたの生まれ星座は、何座ですか？

火の星座グループ……牡羊座、獅子座、射手座
地の星座グループ……牡牛座、乙女座、山羊座
風の星座グループ……双子座、天秤座、水瓶座
水の星座グループ……蟹座、蠍座、魚座

一般に星占いの星座は、あなたが生まれた日に、「太陽」が、どの星座エリアにあったかということを元にしています。
しかし、太陽以外にもこの12星座は適用されます。あなたが生まれた日に「月」が12

星座のうちどの星座にあったのか？が月星座です。同じように、水星星座、金星星座、火星星座、木星星座、土星、天王星、海王星、冥王星星座……太陽と月と合わせて、全10天体が、あなたが生まれたときにどの星座にあったかを見ていくのが、10天体星座分析です。

10天体それぞれの星座が、何星座かによって、あなたを構成する4つのエレメント成分がわかります。２２０ページのＱＲコードから、検索ページに行っていただければ、誕生日を入力して、すぐにあなたのエレメントパーセント分析ができます。

あなたの最もパーセンテージが大きいエレメントは、火・地・風・水はどれでしょう？また、最も少ないのは？

パーセンテージの多いエレメントは、あなたの武器になり得ます。あなたの個性の発揮のしどころが、そのエレメントに隠されています。その要素を大いに伸ばしましょう。セラピーを学ぶなら、火なら火のセラピストの項、地なら地のセラピストの項、風なら風の項、水なら水の項に紹介されているセラピーを学び、スキルや知識を身につけていきましょう。あなたの資質に合った最も親和性の高いセラピーなので、実力を発揮し、

あなたのエレメントは？

https://onocoroshinpei.com/4element

太陽	いて座（火）	木星	ふたご座（風）
月	しし座（火）	土星	うお座（水）
水星	いて座（火）	天王星	おうし座（地）
金星	やぎ座（地）	海王星	うお座（水）
火星	しし座（火）	冥王星	みずがめ座（風）

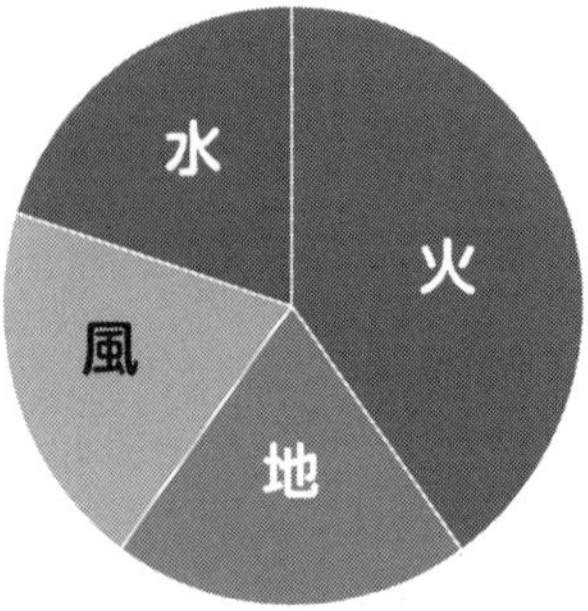

風	20%	地	20%
火	40%	水	20%

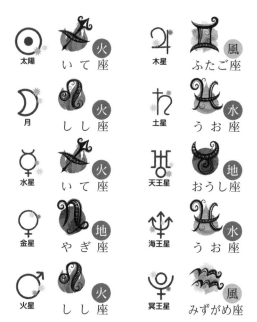

クライアントにも喜ばれるでしょう。

逆に、パーセンテージの少ない（あるいは０パーセント）エレメントについては、そのエレメントのセラピーを定期的に受けるようにするとよいでしょう。スキルを身につけるのではなく、クライアントになって施術やヒーリングを定期的に受けることをおすすめします。

「風」の時代に対して、「火」の要素が強いあなた

風（多動性）と火（衝動性）は相性がよく、火の勢いを風が応援し、大きくしてくれます。風の時代は、あなたの可能性を大きく開くチャンスを与えてくれます。ヒントは純粋な「遊び心」。ワクワクドキドキするようなアンテナを大切に。ただ制御ができない火だと、手に負えない事態に。そういうときには、「水」や「地」の性質のセラピーを受けて心を落ち着かせましょう。

「風」の時代に対して、「地」の要素が強いあなた

風（多動性）と地（安定性）は対極に位置するエレメント同士です。風の時代において「地」は、いったんこれまで積み重ねたものや人間関係がバラバラにされるような気持ちにな

るかもしれません。足元を見失いそうになったときは、「火」や「水」のヒーリングを受けながら、新たな関係や価値を構築していく楽しみを取り戻しましょう。でき上がったものを維持するのではなく、構築しなおすプロセスこそが「地」の本領です。

「風」の時代に対して、「風」の要素が強いあなた

風の時代に風の要素が強い人は、大いにその多動性を発揮して、行動を起こしてほしいと思います。その行動によって出会いが出会いを呼び、コミュニケーションがコミュニケーションを呼び、世界に対して新しい風を生じさせます。それは、周囲の人に、世界にはたくさんの笑顔が満ちているということを思い出させます。ただ体力がついていかないときは、「水」や「地」のセラピーを取り入れてしっかり休息をとりましょう。

「風」の時代に対して、「水」の要素が強いあなた

火→地→風→水の順番のとおり、水の性質（浸透性）は、風の時代には未来を先取りしている要素です。フワフワした風の時代に未来への方向性を指し示す役割があります。ただ水の要素は、周囲に理解されないことが多いかもしれません。そんなときは、「火」や「地」のセラピーを取り入れ、こまめに気分転換を図りましょう。

年齢域エレメント

10天体にはさらに、人生に照らし合わせた年齢域というものがあります。それぞれの天体が示す年齢域は次のとおりです。

月　　0〜7歳
水星　8〜15歳
金星　16〜25歳
太陽　26〜35歳
火星　36〜45歳
木星　46〜55歳
土星　56〜70歳
天王星　71〜84歳
海王星　85歳〜死まで
冥王星　死後

あなたはいま、何歳で、どの年齢期にいますか？　26〜35歳にいるなら、そのまま星占いでよく知っている自分の「太陽星座」を大切にしましょう。そして、その星座が4つのエレメントのうちどのエレメントなのかを確認し、「火」なら火のセラピーを、「地」なら地のセラピーを、風のセラピー、水のセラピーを取り入れ、大いに太陽エレメントを磨きましょう。

36〜45歳なら、火星星座の持つエレメント、
46〜55歳なら、木星星座の持つエレメント、
56〜70歳なら、土星星座の持つエレメントを大事にしましょう。

また、対極にある性質をケアすることもあなたの心身のバランスをとってくれるかもしれません。たとえば、「火」のエレメントの対極は「水」、「地」のエレメントの対極は「風」。逆も同じです。

年齢域でいえば、特に25→26歳、35→36歳、45→46歳、55歳→56歳、70歳→71歳などの移行期の年にある人は、これまでのライフスタイルを大きく変えるタイミングかもしれません。新しいライフスタイルや癒しの習慣に取り入れるべきもののヒントに、エレメント分析をぜひ活用していただきたいと思います。

エピローグ

癒しの思考法

風の時代にコロナ禍が相まって、加速度的にコミュニケーションテクノロジーが生活に浸透し、新たな価値観とライフスタイルの変更を否応なしに迫られる中で、それでも心穏やかに、できるだけ笑顔に生きていくにはどうしたらよいのでしょうか?

深層心理学者カール・グスタフ・ユングは「心」について、4つの心理的機能を提唱しました。まず大きく「合理的機能」と「非合理的機能」に分けます。それぞれ、合理的機能は「思考」と「感情」、非合理機能は「感覚」と「直感」となります。

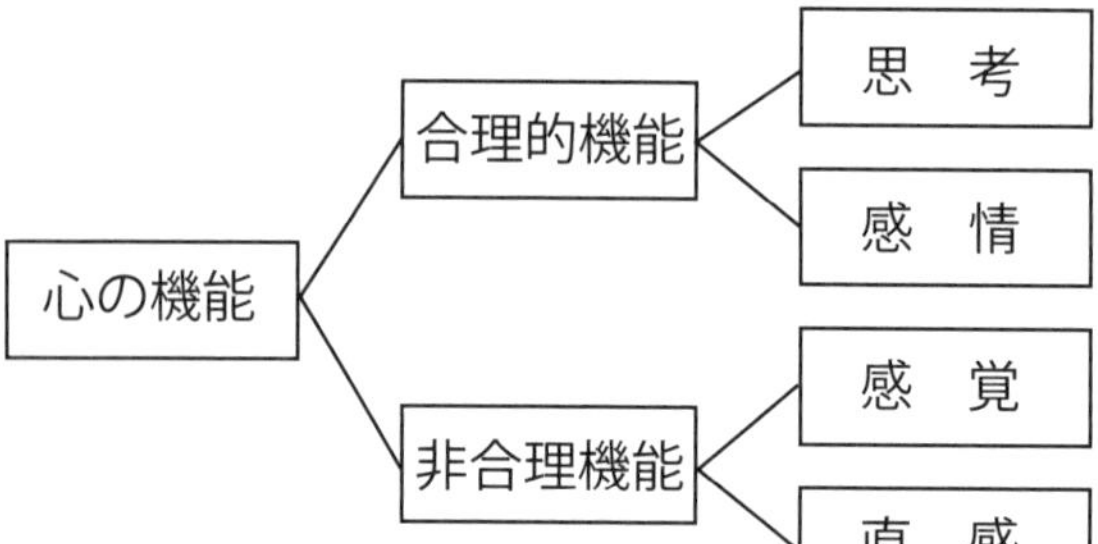

このうち、人が決断を下すときは、「思考」か「感情」かのどちらかが優位に働きます。「思考」が優位な人は物事を論理的に捉え、理論や理屈に関心が向き、「感情」が優位な人は「好き・嫌い」「快・不快」で物事を判断する傾向があります。

また、人が物事を把握したり、情報を集めたりするようなとき、「感覚」か「直観」のどちらかが優位に働きます。「感覚」が優位な人は、「見たまま」「あるがまま」に感じ取り、五感を通じて情報を集め、事実やデータをまるで写真に撮ったかのように把握します。「直観」が優位な人は、表面に現れた事実よりも、その裏に隠れている意味や可能性に関心を持ち、物事を全体像で把握しようとします。

このユングが唱えた４つの心理機能を、のちの研究者が四大元素と比較して研究しました。

直観機能＝「火」
感覚機能＝「地」
思考機能＝「風」
感情機能＝「水」

あなたは直観機能が優位でしょうか？　それとも思考機能？　前節で調べたあなたの10天体分析エレメントのパーセンテージから、ぜひあなたの心理的機能の優位性を考察してみてください。

●正しさよりも大切なもの

火、地、風、水をはじめ、世界は多様な捉え方で成り立っています。さまざまな人がさまざまな心の機能や価値観で世界を描写し、それぞれ世の中はこうなっている！と主張します。

風の時代はそれがますます加速し、もっともらしいニュースや、もっともらしい学説、もっともらしい情報で囲い込みが行われるでしょう。どれが正解かわかりません。むしろどれも正解であるし、どれも不正解であるというのが真実でしょう。なぜなら、世界全体を捉えることは、誰にも不可能ですから。

こうした情報錯綜時代と、私たちはどう距離をとっていけばよいでしょう……。もちろん情報や知識に無関心でよいわけではありません。ただ「情報とはいつも断片である」

ということを忘れずにいましょう。

たとえば、あなたが今晩、カレーを作るとします。たまねぎ、にんじん、じゃがいもはカレーの材料として重要です。でも買い物のとき、どのじゃがいもがいいかで大いに悩んでしまったとしましょう。ニンジンは果たしてどれにするべきか……？その悩みの中で、大目的であるカレーをつくるという目標を見失ってしまうこともあるかもしれません。「あれ？　何のためにニンジンを買いに来たのだっけ？」と。まあ、今晩のカレーを変更するくらいのことは人生においてあまり問題はありませんが、健康法やセラピーの選択にも、私たちは同じようなことをやってしまいがちです。大目的にあったのは、健やかで、人間関係もスムーズで、心やさしく過ごしたい……であったはず。

いつも「なんのため？」という大きな目標を忘れることなく、断片であるべき個別の情報に巻き込まれない姿勢を心がけることが大切です。火・地・風・水のエレメントも、世界はひとつの要素だけで成り立っているわけではなく、4つのエレメントのさまざまな組み合わせでできているということを表すものです。その4つの要素を個別のバランスでまとっているあなた自身も個性的な世の中の断片であることを忘れないこと。あなたという個性が、これまた個性的な周囲の人間関係と何を目的に、いっしょに何をデザインしていくのか……？

NOジャッジの境地

たとえばある見方では、

「この図形は三角形である」（テーゼ）。

別の視点として

「この図形は丸に見える」（アンチテーゼ）。

2つの意見が出たとします。ドイツの哲学者ヘーゲル（1770年―1831年）が弁証法の中で提唱した概念に、「アウフヘーベン」という言葉があります。

テーゼとアンチテーゼが矛盾して対立したときに、一方を排除することなく、どちらの主張も包含して矛盾を解消する答えはないか？と考えていくのが「アウ

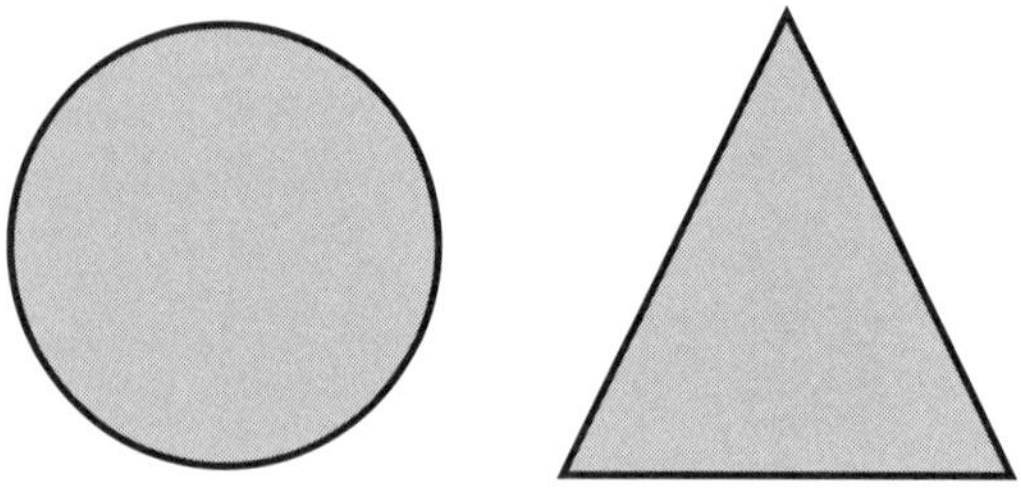

フヘーベン」という概念です。三角の主張と丸の主張の場合、アウフヘーベンしてみると、この図形は、「円錐」であるという考えにたどり着くことになります。

すると、三角や丸はただただ見方の角度の違いだったということに気づきます。三角や丸にこだわっていたままでは、きっと答えはいつまでも出せないでしょう。

矛盾しているふたつの主張をどちらも否定することなく、より上位で包括的な答えに発展させていく思考法がアウフヘーベンです。風の時代の癒しの思考法は、数多ある対立概念を上位概念へと包括していき、三角だって、丸だって、世界をつくるのに、両方大切な要素なんだということを思い出させる思考法です。ニコニコしながら、それを実践していきたいですね。

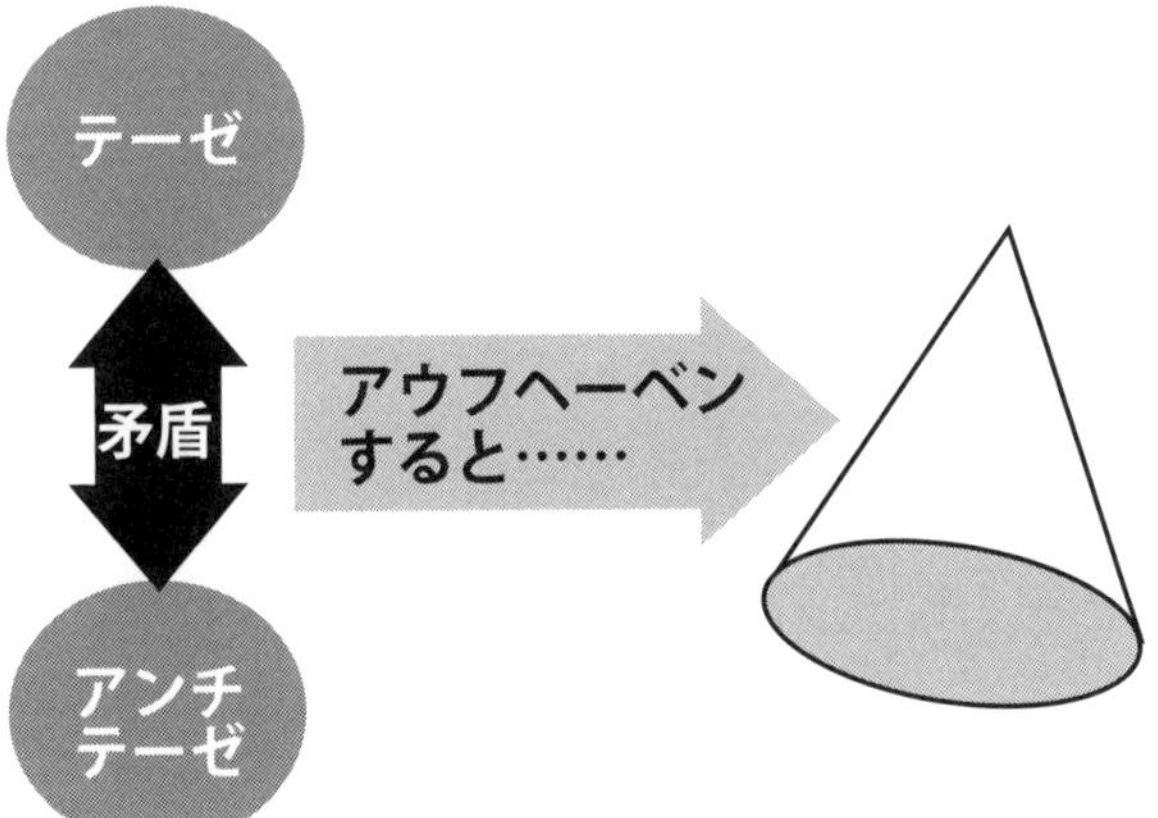

癒しの習慣

前節のような思考法には、暮らしや生活に自分なりの余裕と余白をつくることが大事だろうと思います。では、余裕や余白はどのようにつくればよいでしょうか。日々の生活に取り入れると効果的な習慣をあげてみます。

・瞑想

余白の時間は1日のうち、5分でも10分でも、目を閉じ、沈思黙考の時間をとる習慣から始まります。僕は1分間からでもやってほしくて、目を閉じ、胸に手を当て心拍を探し（胸に感じないときは手首の脈拍でもOK）、60回心拍を数える時間を1日のどこかにとることをおすすめしています。

毎日どこかで1分間とれるようになったら、朝起きてすぐとか、寝る前とか、入浴中とか、1日のうち同じような時間帯でやってもらうようにします。とにかく睡眠とは別に「目を閉じる時間」を確保することです。

心拍を感じ、60 回数える瞑想

目を開いているだけで脳は忙しく働きます。視覚を閉じると、感覚はつながっていますから、聴覚や嗅覚や味覚、肌感覚のほうにボリュームが移動していくのがわかります。そこから始めて、1分を5分、5分を10分……。僕は、だいたい20分をめどに目を閉じる習慣を実践しています。これを瞑想と呼ぶかどうかはわかりませんが、24時間という時間の枠組みから離れた、20分以上の命の時間が人生に余白を設けてくれているように感じています。

・食事

「食べる瞑想」というのを実践したことがあります。ティク・ナット・ハン（1926年―2022年）師の瞑想合宿に参加したときのことです。

ティク・ナット・ハン師は、ダライ・ラマ14世と並んで、20世紀から平和活動に従事する代表的な仏教者。もうお亡くなりになりましたが、生前は来日され、マインドフルネス瞑想会や合宿を開催されました。

合宿では、食事も瞑想にします。60分間フル活用して、目の前の食べ物だけに意識を集中し、もちろんTVも見ず、誰とも会話せず、ゆっくり消化を感じながらする「食」を実践するのです。合宿でしたから、自然食のこじんまりとしたお弁当ひとつ。これをお茶なしで、60分かけてゆっくり食べます。60分間は長いです。早く食べ終わってもいけません。普段どれだけ急いで食べ、急いで歩いていたかを痛切に実感させられました。

60分ゆっくり食材と向き合ってみて、咀嚼《そしゃく》を普段の10倍くらいはしたでしょうか。明らかに唾液、胃液、胆汁、膵液の出方が違うという体感が、体の内側から伝わってきました。これだけの消化液を分泌したのは子どもの頃以来。食材もこれだけの消化液に溶かされたのなら本望でしょう。

その結果は、明らかに翌日の便に現れました。見事な便です。僕には断食やファスティングのときよりも効果を感じられました。このとき、深く感じたのは、普段の食生活において、食材選びも大事だが、もっと大事なのは「どう食べるかだ」だということでした。

ゆっくりと食材と向き合い、消化液をフル活用することで、食事は栄養以上に、自分はしっかり消化できるという深い自信を与えてくれるものだとわかったのです。消化力とは咀嚼力、物事への深い理解力へと直結します。早食いや、かっ込み食いの癖は、脳にも表面的な浅い理解を癖づけていたのだなと反省しました。

もちろん、毎日毎回の食事を60分かけて一人で食す、というのは困難です。毎日1食実践でも難しいでしょう。ただ、どんなに多忙でも1か月に1度は可能かもしれません。食に対するあなたの消化器官に自信を与える習慣として、ぜひ取り入れてもらいたいと思います。

・植物を育てる

僕は、30年間、多くのクライアントさんと接してきましたが、なんとか体調を崩すことなくやってこられたのは、オフィスにある観葉植物たちのおかげだと思っています。僕のセッションは、人間は僕一人ですが、観葉植物たちとのチームで行います。

難病やがんのクライアントさんがお越しになったときは、セッションが終わると観葉植物たちもヘナ～となります。それに気づいたのは、カウンセラーを始めて10年くらいたったころでしょうか。

PART2でも触れましたが、病気には、ある種のパワーがありますので、小まめに流すこと（アースすること）が極めて重要です。その一翼《いちよく》を僕の椅子の後ろに配置していた観葉植物が担ってくれていたのです。

それから、毎日、水やりと栄養と日光とを植物に届ける日課が始まりました。僕のお気に入りは何世代かに渡ったパキラですが、季節による水やりの頻度やどんなクライアントさんが来たときにどう反応するのか、本当にいろんなことを教えてもらいました。植物を育てると、意識がやわらかくなります。

・月とともに

僕が月の満ち欠けを意識し始めたのは、長年のカウンセリングの中で同じクライアントさんでも、新月期に来てもらう場合と、上弦や下弦の半月期に来てもらうのと、そして、もちろん満月のときとで、カラダの痛みや症状の感じ方に、違いがあると気づいた頃からです。

特に女性ホルモンのリズムは、月経という言葉に象徴されるように、月の経るプロセスを微妙に感じながら、体に表れています。月の体への影響を研究し始めて、かの野口晴哉先生（整体・治療の世界では知らぬ人のいない神様的存在。108ページ）も、月の人体への影響を言及していたことを知り、大いに勇気づけられました。

月に2回、月の引力によって海の大潮があります。野口先生によれば、人間の細胞も月の引力によって収縮と膨張を繰り返しているのだ、と。潮の満ち干きは大いなる月の力によるものですが、この影響は、海ばかりでなく、陸地にも影響を及ぼしているそうです。場合によっては大地を21ｃｍも動かすのだとか……（誰が計測したんでしょうね）。

しかし、なるほどそれだけの力が人体に影響しないはずはない。私たちの自覚しないところで、私たちの細胞たちは、ちゃんと月のリズムに反応しているのです。

僕は、自分が満月の日と自分の生まれた月相の日は、晴れていれば、月光浴をするようにしています。月光は、太陽の反射光ですが、人類をはるか昔から見守ってきた一流ほんものの「電磁波」です。歴史が２００年そこらの人工的電磁波よりはるかに本質的だろうということで、日ごろの電磁波疲労を浄化するためにも、定期的な月光浴を実践しています。

・充電の場を持つ

ＰＡＲＴ４で紹介した山本竜隆先生が、富士山のふもとで診療所とともに運営されているリトリート施設「富士静養園」＆「日月倶楽部」。僕にとっては、この場所が長年の充電の場になっています。自然豊かで空気が澄み、湧水もあり、富士山から昇るご来光を浴びてはパワーチャージをし、竜隆先生との会話からも毎回元気をいただいています。

といっても、ここを訪れるのは年に1～2回です。僕は兵庫県の淡路島に住んでいますので、元から自然環境は豊かです。癒しの習慣の中で、自然との接点はこれからますます重要になってくると思います。

風の時代は、風とはいいながらデジタル化の時代です。パソコン、スマホ、AI、DX……、デジタル化とは突き詰めて考えれば、0と1を記号に置き換えた信号変換です。デジタル化された世の中とはある意味、0と1の間の小数点以下が切り落とされた世界という見方もできなくはない……。

スマホやパソコンから聴こえてくる音楽が、いかに高性能なデバイスを介そうとも、ライブで生演奏で、体感しながら聴く音楽には敵わないように、セラピーも視覚と聴覚を越えた「体感」にこそ、その本質があります。人体も心もデジタルに置き換えられない「アナログ」でできている部分が大半なのです。

アナログとは、じわじわと陽射しが変化していくような、川の流れの水量が少しずつ変化していくような、風に揺られる葉っぱが、規則的なのか不規則なのかわからないような、ゆっくりと寄り添っていないとわからない「相対的な世界」にあります。

この感覚は自然の中でこそ磨かれます。神社の森でも、近くの公園でも、海辺でも、庭の土でも、あなたにとっての自然からの「充電の場」をぜひ持ちましょう。

・世界を面白がる

ＰＡＲＴ１で紹介した河合隼雄先生をはじめ、僕が学んだ一流メンターたちの共通点は、「世の中を誰よりも面白がっている」ということでした。もちろん、そうした先生方も深刻な場面には幾度となく遭遇してきたはずです。

そのときにはクライアントの深刻さに共感し、思いを寄せ、いっしょに涙を流すこともあったでしょう。僕自身もそうでした。ただそれでも、人間って面白いなあ、かわいいなあと思える観点は忘れないでいたい。

僕はよく、自分の走馬灯を想像することがあります。走馬灯（そうまとう）とは、人が死ぬ間際に見る、これまでの人生の記憶の連続画像ですが、きっと笑っている場面が多いと思っています。もちろん悲しい場面もないことはないとは思いますが、でも死の間際にはやっぱり「面白かった！」と笑っていたいですよね。

だから、生きている間にそんな場面をたくさんつくっておきたいと思います。絶望や失望も確かに多い世の中ですが、それでも小さな希望を選びながら生きていく……それが癒しの生き方だろうと思います。

にこやかに、いつでもこの世界を楽しんでいるというその姿に、周囲の人は癒されます。あなたが癒しの軸をもって生きていると、いつしかその軸と軸とが共鳴し合い、これまで想像もしなかった出会いを呼んで、立体的に世界を包み込んでいきます。そんな人が増えたら、世界はもっとやさしくなりますね。

おわりに

少し前の話になりますが、電車に乗っていて、微笑ましい光景に遭遇しました。普通電車、優先座席シートの4人席に、向かい合って3人の男子高校生が座っていました。一見だらしのない格好のその3人は、スマホで音楽を聴き、ひとつ空いた席には自分たちのカバンを置いて、いわゆる「ワガモノ顔」で席を占領している、という感じです。

そこへかなり年老いた老夫婦が乗ってきました。どちらも杖をつき、そのまま優先座席シートの彼ら3人の前に立ちました。ここは、明らかに席を譲る状況です。

しかし、やはりというか、案の定というか、しばらくまったく無視の様子を続けている高校生たち。ガタンゴトンと列車がゆれるたび、おじいさんとおばあさんは近くの手すりを握り締めます。

しかし、意外な展開は、次の駅が来たときにやってきました。

3人がカバンをまとめてすっと立ち上がり、電車を降りて出て行ってしまったのです。彼らの背中を視線で追うと、降りた車両とは別の車両から急いでまた、同じ電車に乗っているではありませんか！

あ、なるほど～～、という気持ちでした。彼らにしてみれば、「あ、おじいさん、おばあさん、こちらへどうぞ」なんて、わかりやすい「席を譲るの図」など、恥ずかしくてできるものではない。……といって、では思いやりの心が皆無かというと、そういうわけでも決してない。

むしろ、この状況をどうしようかと次の駅まで頭を悩ませている現代高校生ならではの、複雑な心のうちを見せられた思いで、そうなんだな～～、と安堵といおうか、なんといおうか、とにかく何かが腑に落ちた気分になりました。

日本の古い言葉に、「惻隠《そくいん》の情」というのがあります。側にいて、何か自分ができることはないかと想う、自然な心の動き。「惻隠」というくらいですから、これははっきりと目立ってしまうわけにはいきません。

決して評価されることも、点数をつけられることもないけれども、それでもそこにある心の働き。そうした癒しの原点を、現代高校生たちの行動に再認識させてもらって、すがすがしい気持ちになりました。

本書に紹介させていただきました、故・河合隼雄先生をはじめ、いまも引き続きお世話になっています永田良一先生、帯津良一先生、上野圭一先生、山本竜隆先生、杉本錬堂先生、三枝龍生先生、そして、やましたひでこさん。僕のメンターというべき諸先輩方の生き方や考え方が、僕にとっての癒しの教科書です。ここに改めて御礼申し上げます。

ほかにもこの30年の間、心理療法やボディワークの教室に通い、さまざまなセラピー技法を学び、多くの先生方に教えていただいてきました。ご指導いただきましたお一人お一人に感謝の気持ちでいっぱいです。

そしてまた、たくさんのクライアントさんに、実地で、心の深層意識や心と体の深いつながりを教えていただきました。「生き方（＝クオリティ・オブ・ライフ）」の研究はたくさんなされていますし、最近は、「いかに死ぬか（＝クオリティ・オブ・デス）」の研究も進んでいます。「生き方」、「死に方」に加え、僕は、「病み方」も、その人の人生の核の部分を見つめるのに大切なファクターだと思っています。

「一流の病み方」に関する本は、また機会があれば、執筆にチャレンジしてみたいと思っていますが、病や身体症状の裏には、その方が「どう癒されたいのか」のヒントがたくさん詰め込まれています。多くのクライアントさんと接することで、そうした「癒しの意味」を深く考察させてもらうことができました。本書は、クライアントの皆さんと過ごした貴重な時間による賜物です。

おわりに

本書『セラピーが11割』は、ＢＡＢジャパンの東口敏郎社長じきじきにご依頼いただきました。ＢＡＢジャパンさんは『セラピスト』という雑誌を刊行され、長らく日本のセラピストを応援してくださっている会社です。東口社長は、いつお会いしても朗らかで、ユニークな視点で、多くのセラピストに示唆を与えてくださる存在です。僕も昔からおつき合いさせていただいていますが、いつもインスピレーションをくださいます。本書制作をご一緒させていただいたこと、とても光栄に思っています。

そして、編集を担当していただいた福元美月さんには、いつもやさしく前向きなメッセージをくださり、気持ちよく筆を運ぶことができました。心から御礼を申し上げます。

いま、日本の癒しとセラピーが、大きな転換点を迎えていることは、読者の皆さんも肌身に感じていらっしゃることでしょう。本書がこれから未来の癒しにとって、何かのヒントにつながれば、著者として望外の喜びです。

令和6年10月

おのころ心平

おのころ心平の

日常の自覚症状から潜在意識のヒントを見つける

あ	上がり症・予期不安	世のため人のためという正義感と、 それがうまくいかないときの恐れ
	足がつる、こむら返り	自分の能力の限界を感じる、限界越えしなければという思い
	足のむくみ	重力に逆らえない→自立へのプレッシャーを感じる
	足首を捻挫しやすい	家庭内、職場などでの自分のポジションの不安定さ
い	いびき （舌のむくみによる）	プライドを傷つけられている、 いつか理想の自分になるという思いの抑圧
	胃もたれ、胃の痛み	不安・心配、後悔（考えごとをしながらの食事）
う	うつ傾向	自分にとって当然の権利が侵害されているという思い
お	驚きやすい（＊心臓）	人生の変化の期待と不安
	驚きやすい（＊腎臓）	子どもの頃理性的すぎた､いまの自分のポジションの不安定感
	お肌の乾燥	自分の思いや能力をうまく表現できない
	おへそのまわりが ドクンドクンする	いい顔をして相手に合わせるが、本当はいやだという思い
	親知らず （不正咬合）	生活基盤の安定に関する不安、親の器（経済的、精神的） を超えようとする思い
	おりもの（＊脾臓）	秘密がばれそう、過去のあやまち　（甘いもののとりすぎ）
	おりもの（＊腎臓）	女としての熟成もたらそうとしている、またはそれへの抵抗
か	過食、拒食	親の価値観との対立、自立願望と依存状態の葛藤
	ガスが溜まる	何をしても目に見える形にならないことへの不満、いらだち
	風邪	気持ちの混乱、一度に多くのことを抱え込む習慣
	花粉症	身のまわりが片づいていないこと　へのストレス やることの優先順位がつかない　1年間の自分の棚卸ができていない
	空咳	パーソナルスペースを守りたい
	関節のこわばり	過剰なポジティブシンキング、自信過剰
	寒気・悪寒	精神的萎縮、孤独がつのる、消極的になる

き	筋肉がぴくぴくする	怒りの蓄積、疲れ、睡眠不足
く	唇の乾燥、 唇の端がきれる	やりたくないが、早く済ましてしまわないとならないことを抱えている
	口の中をかむ	焦りか嫉妬の現れ、いつまでも甘えていたい
	首凝り	頑固、視点を広げることへの抵抗、人の評価が怖い
	首が回らない	経済的不安、他人を羨望する、嫉妬
	車酔い・船酔い	束縛感、閉所恐怖、状況をコントロールできないことへの恐れ
け	血尿、血便	自己犠牲、すごい頑張り、達成感を優先する
	月経不順（＊肝臓）	誰も私をわかってくれないという怒り
	月経不順（＊腎臓）	セクシャリティへの抵抗、自分の女らしさと向き合えない
	げっぷ	自分でも気づかない怒り、衝動
	月経量が多い	犠牲心が強い、人のために自分を犠牲にする
	下痢（水様性）	理解しがたいこと、拒否したいことがある
	下痢（痛みと灼熱感を伴う、頻繁）	自分のペースできちんとしたいが、何かに邪魔をされる
	倦怠無力感	どうせ無駄だというあきらめ、過去の失敗の記憶にとらわれる
こ	口内炎（＊心臓）	不安からの告げ口、陰口、意味のないことをたくさんしゃべる
	口内炎（＊脾臓）	受け入れがたい価値観、危険がすぐそばまで迫った不安
	高熱が出る	抑圧した悲しみや体内毒素の燃焼作用
	声が出にくい・かすれ声	自分の影響力を維持できない不安
	腰がだるい	誰かに支えてほしい、頼りになる存在がほしい
	腰が急にかたくなった	これ以上は無理という思い、挑戦意欲の減退
し	痔（うっ血性）	逆らえない状況、成長したいのに上から抑えられている感じ
	痔（出血性）	相手を変えようとする、自分は座ったまま人を動かす
	子宮下垂	子育てへのプレッシャー、親としての自信の揺らぎ
	子宮筋腫	オーガズムへの心理的抑圧
	舌の慘むような痛さ	言いたいことを我慢している、自分をかわいそうに思っている

し	歯肉炎	初志貫徹できない、優柔不断な自分への怒り
	白髪	プレッシャー、若い者に負けたくない、追い越される恐れ
	じんましん	特定の誰かとの価値観の対立、受け入れがたい他人の考え
す	頭重感を伴う頭痛	背後への不安、まわりの理解を得られるかの不安
	頭痛（こめかみ）	追い立てられることへの不安、性的な恐れ、流れに抵抗する
	頭痛 （首筋から後頭部にかけて）	自己否定、自己批判、あるいは、 これ以上は動けないというという気持ち
	頭痛（前頭部）	前進への不安、前に進むのに抱えすぎている問題
せ	生理痛	不安による食べすぎによるもの、自分の緊張を隠す
	咳（深い）	涙の代わり、泣きたい気分をいつも抑えている 感謝を要求したい、あるいは、感謝を受け取れない
	背中の痛み	防御、自分の地位を守りたい、ポジションを死守したい
	前腕の痛み、しびれ	過去の自分の価値観を捨てきれない
	ぜんそく（＊肺）	相手の理解が得られないことへのあきらめ
	ぜんそく（＊腎臓）	ものわかりがよすぎる、期待に応えようとしすぎる
	前立腺炎・肥大	あきらめ、男としてのプレッシャー、罪の意識
た	帯状疱疹	自分のつくったルールを壊す勇気がない
	多汗	何をどうすればよいかわからない、力の入りすぎ
	食べすぎ（消化不良）	安心感の代替行為、保護されたい気持ち
	ため息が多い	思いどおりにいかないいらだち
	男性精力（インポテンツ）	プレッシャー、緊張、過去のいじめの記憶、母親への恐れ
つ	疲れがとれない （ホルモン不調による）	一人ですべてをやろうとする、周囲との調和がとれない
	疲れやすい	浅い呼吸によって自分の存在をリアルに感じられない
	唾の問題	何かを解決したいという気持ち（冷たいもの、生もののとりすぎ）
	爪がもろくなる、二枚爪	自分が誰かを傷つけてしまうのではないかという思い
て	手足のしびれ感	自分の行動への疑問、これでよいのかという自問自答

て	手足の冷え（＊心臓）	愛を受け取ることへの抵抗
	手足の冷え（＊肺）	自分が十分満足していないままの奉仕、 自己効力感の低下
	低体温	自分を満足させたい、自分優先、必要以上の警戒心
	手のひらがほてる	思いやりがほしい、丁寧に扱かってほしい
	手指の湿疹	現在の作業に集中できない、うわの空
と	動悸	自分の人生を管理できない恐れ、 ものごとの具体的把握ができない
な	難聴	拒絶、頑固、独りよがり、孤立、子どもっぽい、あるいは天才性
	ニキビ （顔から胸に下行する）	自分はもっと評価されるべきと思う （お酒、甘いもののとりすぎ）
	ニキビ （胸から顔に上行する）	自己否定的な思い （お酒、甘いもののとりすぎ）
ぬ	抜け毛	恐れ、緊張、他人をコントロールしようとする
ね	寝汗	誰かとつながっていたい、全面的に受け入れてほしい
	眠りが浅く、よく夢をみる	持ち越しストレスを抱えている、完結できていない仕事がある
の	のどに異物感を感じる	うまくコントロールできない何か、 飲み込んでしまえない何かを感じる
	のどの痛み	自分の気持ちが十分伝わっていないことへのいらだち
	飲みすぎ（アルコール）	いつも勝ち負けを意識している、負けを認めたくない、ごまかし
は	排便しても すっきり出ない	わだかまり、頭で理解しても感情が ついてこないことがらを抱えている
	吐き気、嘔吐	背後から監視されているような緊張感
	歯ぎしり	なんでこんな目に、という怒りを我慢している
	歯茎から血が出る	ものごとをきちんと吟味する時間がない （飲み込むような食べ方）
	鼻水（水っぽい）	考えがまとまらない、落としどころが見つからない

は	鼻づまり、 副鼻腔炎（蓄膿）	親からの束縛感、自分の才能へのフタ
ひ	膝の痛み	パートナーシップの不安定、若い頃の挫折の記憶
	ひじの痛み	変化、方向性の転換への抵抗
	ヒステリー身体症状	潜在する怒りと物わかりのよい自分との葛藤
	左奥歯の痛み	自分の考えに周囲がついてこないことへのいらだち
	左肩の痛み	不自由さ、頑固さを曲げない、自分の魅力がわからない
	皮膚のかゆみ	後悔、逃げ出したい、指摘が怖い
	貧血（＊心臓）	いまの自分を好きになれない
	貧血（＊脾臓）	いまの幸せに自分はふさわしくないのでは？という疑念
	頻尿感	いらだちと不安、手放すことへの恐れ
ふ	フケ	力任せ、空回り、非効率なやり方
	不整脈	自分のペースをつかめない、周囲に埋没してしまいそう
	不眠	人を信頼できない、世の中への不信
へ	偏頭痛	いざというとき、誰も助けてくれないのではないか、という不安
	扁桃腺のはれ	家庭不和、両親の不仲、夫婦間の不理解
	便秘と下痢が交互に生じる	焦りと緊張、締切・期限に追われている
	便秘（コロコロ便、 腹痛、膨満を伴わない）	タイミングを逸する、ものごとを後回しにする、 よくびっくりする
ま	まぶしくて 目を閉じていたい	時間的制約のストレス、選択や決断への躊躇
み	右肩の痛み	早くしないといけないという思い込み、自己の過小評価
	水虫	現実からの逃避、誰かに認められたい、浮気願望の抑圧
	耳痛、中耳炎	両親の不仲、言わなくてもわかれという態度に対するストレス
	耳鳴り	自分に正直になれない、休息がほしい
む	無月経・稀少月経	両親や親族の期待と自分の選択との葛藤

む	虫歯、歯痛	ゆらぐ正義感、他人をののしりたい気持ち、自分への攻撃
め	目が疲れやすくかすむ	現実逃避、自己効力感*の低下、どうせというあきらめ ＊自己効力感……自分が世の中に対し、役に立っていると思う感覚
	目が乾燥感して ごろごろする	不完全燃焼な怒り、 許すくらいなら死んだほうがましだという思い
	目の充血、結膜炎	解決できないことへの不満と怒り
	めまい（＊心臓）	自分の居場所がわからない、もっと私に気を配ってほしい
	めまい（＊腎臓）	自分の人生をコントロールできない、 自分の母性（女性性）の否定
も	もの忘れがひどい	好き嫌いがはげしい、 世の中への嫌悪あるいはあきらめ
ゆ	指の腱鞘炎	不当に扱われることへの怒り、欲求不満
	夢をたくさん見る	日常の人間関係にプレッシャーを感じている
よ	腰痛	これだけしてあげているのに、 ひとつも感謝されないという怒り
	よく口が渇く	やりたいことを実行に移せない
	横っ腹が痛くなる	休憩したい、休んでいたい（脾臓の収縮）

おのころ心平（おのころ しんぺい）

1971年生まれ。大学卒業後、22歳でサイコセラピストとして仕事をスタートして30年以上。「ココロとカラダをつないで自然治癒力を解放する」という独自のメソッドで、年間1000件以上、計3万件、6万時間以上の臨床経験を持つ。

クライアントには文化人、アスリート、経営者など著名人が多数。2008年、一般社団法人自然治癒力学校を設立。全国的に、自然治癒力系セラピストをつなぐ教室を展開する一方で、医師や医療者とともに「医者をその気にさせる未来患者学」シンポジウムを毎年開催。セラピスト、治療家、ボディワーカー、スピリチュアルヒーラー、そして、医療者をつなぐ独自のポジションから、日々情報発信し、セラピストによるリトリート・プロジェクトを推進中。コロナ後は、一般社団法人マッピングセラピー協会を運営し、身近な人間関係のココロを結びなおすコミュニケーション講座を展開している。『病気は才能』（かんき出版）、『ゆるすいっち。』（主婦の友社）など、著書累計28冊。

最強のココロ整理術
アイビーマッピング®

アイビーマッピングは、著書おのころ心平が、病のココロを読み解くために、30年に渡り開発してきた、カウンセリングツール。「書きとる傾聴」を通じて、相手の思考を深めたり、聞き手である自分のコミュニケーション力を高めたりできる技法です。

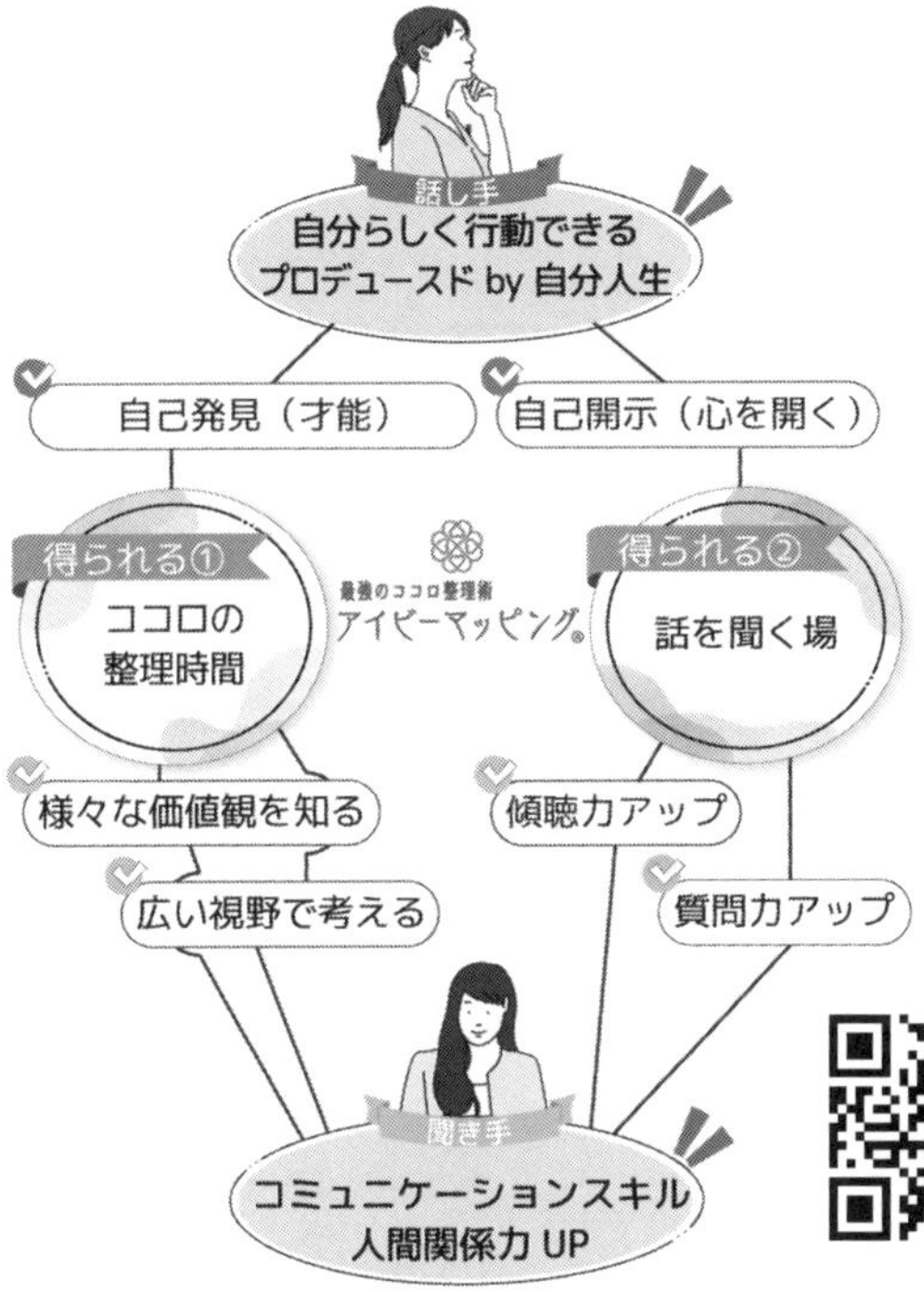

自分を癒し、人を癒す
セラピーが11割

2024年12月12日　初版第1刷発行

著　者　　おのころ心平
発行者　　東口敏郎
発行所　　株式会社BABジャパン
〒151-0073 東京都渋谷区笹塚1-30-11　4・5F
TEL　03-3469-0135　　FAX　03-3469-0162
URL　http://www.bab.co.jp/
E-mail　shop@bab.co.jp
郵便振替　00140-7-116767
印刷・製本　中央精版印刷株式会社

ISBN978-4-8142-0656-8　C2077

画像協力　東亜医学協会（168ページ下の画像「足の太陽膀胱経」）
イラスト　天野恭子（magic beans）
デザイン　石井香里

BAB ジャパン　オススメ商品のご案内

にほんごってすごい!

書籍　はじめてのカタカムナ

超古代文字が教えてくれるサヌキ【男】アワ【女】しあわせの智恵。

「カタカムナ」「サヌキアワ」という言葉の響きがなぜか気になる方、「カタカムナ」を知りたいと感じるすべての方に向けた、「はじめてのカタカムナ」！

●板垣昭子 著　●四六判　● 256 頁　●本体 1,400 円 + 税

好きなこと、変わりたいことを見つけて

書籍　幸せを天職にする

14 の言響（ことひび）ワークで、いつの間にか、あなただけの幸福の答えが導き出せる！ 著者が主宰する「言響」のセミナーで実際に行われている 14 のワークが、あなたの内なる答えを見つけ、「好きなことを仕事にする生き方」を導き出すお手伝いをします！

●宮北結僖 著　●四六判　● 200 頁　●本体 1,500 円 + 税

セラピストの心理学NLP

書籍　「自分力」を上げる

クライアントに満足感をもたらす「対話力」とは!? 本書では、ビジネスパーソン、特に営業分野において大きな支持を得ているノウハウ「NLP」をセラピーの現場に当てはめて、セラピストが実践しやすい具体的な例をあげながら、コミュニケーションのとり方を指南します。

●山田泉 著　●四六判　● 224 頁　●本体 1,500 円 + 税

小さなサロンがお客様に長く愛される秘密

書籍　ナンバー 1 が教える オンリー 1 サロンの法則

セラピスト、エステティシャン、個人サロンオーナーにサロンの強みの見つけ方、SNS の効果的な使い方、認知度をもっと上げる方法…「今日から始められるブランディング」とことん教えます！ ブランディングで、小さなサロンが輝く時代がやってきた！ お客様に愛され続けるサロンづくりとは……？

●小野浩二、川上拓人 著　●四六判　● 256 頁　●本体 1,500 円 + 税

自分を大切にすると　なぜ他人とうまくいくのか?

書籍　バウンダリーの魔法

人に振り回され、満たされない思いを抱いているあなたへ「なぜ思うように進まないんだろう」「なぜ私ばっかり……？」その悩みの最も大きな理由の一つは、人間関係。自分や周囲の人の性格のタイプを知り、特有の思考のクセを知れば、周囲に振り回されず、自分らしい人生の選択が可能になります。

●山本美穂子 著　●四六判　● 240 頁　●本体 1,600 円 + 税